ESQUISSES PYRÉNÉENNES.

BAGNÈRES-DE-BIGORRE

CONSIDÉRÉE SOUS LE RAPPORT

HISTORIQUE ET PITTORESQUE.

Typographie de J.-M. Dossun,
A Bagnères-de-Bigorre, place Napoléon.

ESQUISSES PYRÉNÉENNES.

BAGNÈRES-DE-BIGORRE

CONSIDÉRÉE SOUS LE RAPPORT

HISTORIQUE ET PITTORESQUE

PAR

FRÉDÉRIC SOUTRAS.

A BAGNÈRES-DE-BIGORRE,

CHEZ J.-M. DOSSUN, IMPRIMEUR-LIBRAIRE, ÉDITEUR.

1850.

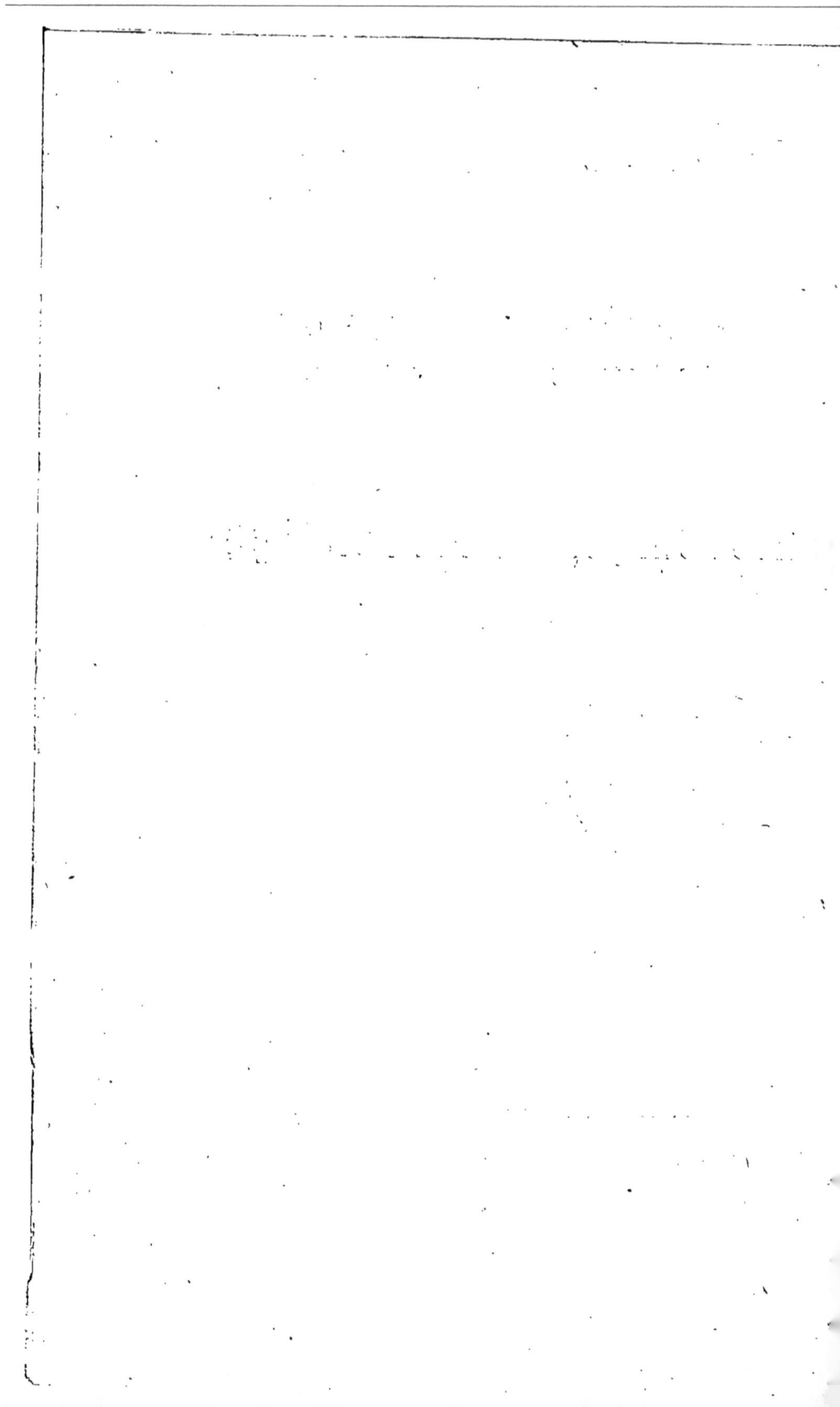

AVERTISSEMENT.

—

Bagnères-de-Bigorre est depuis long-temps connue comme ville thermale. Les Romains, après avoir soumis la Gaule, y élevèrent des thermes élégans, y construisirent des piscines, et, pleins de reconnaissance pour les nymphes pyrénéennes, leur consacrèrent des pierres votives qui subsistent encore. Cette antique réputation des eaux de Bagnères, loin de déchoir dans le cours des siècles, n'a fait, au contraire, que grandir et s'accroître. Durant le moyen âge, dans ces courts intervalles de paix ou de lassitude qui succédaient aux luttes violentes, *la bonne grosse ville fermée*, dont parle Froissard, ouvrait ses portes à ces remuans barons d'Aquitaine, qui la remplissaient de bruit, de tumulte et de joie. Au temps de

Montaigne, comme au temps du prince Noir, elle était le rendez-vous de la belle et noble société, et l'auteur des Essais, cet ingénieux et facile épicurien, la met au premier rang des villes thermales, pour l'*amœnité de lieu*, *commodité de logis, de vivres et de compaignies*.

Aujourd'hui, la ville de Montaigne ne subsiste pas plus que celle de Froissard. Les fortes murailles et les grosses tours se sont écroulées; un rempart de verdure s'est substitué au rempart de pierre; et, à la place de ses maisons noires et enfumées, qui faisaient saillie sur des rues étroites et tortueuses, s'élèvent de commodes et grâcieuses habitations, où le luxe moderne étale toutes ses richesses et toutes ses élégances. Mais ce qui n'a pas changé, c'est ce ciel admirable des Pyrénées, qui resplendit sur les plus magiques tableaux où se soient jamais reposés les regards de l'homme! Ce sont ces eaux bienfaisantes et salutaires qui attirent les malades de tous les points de l'Europe, c'est le génie des montagnes qui convie, chaque année, au bord de ses lacs et de ses cascades, tous les riches, tous les heureux, tous les ennuyés du monde!

Un grand nombre d'auteurs ont écrit sur Bagnères. Les uns ont vanté l'efficacité de ses eaux, fait ressortir les cures merveilleuses qu'elles opèrent, et, après de longues et consciencieuses analyses, constaté les élémens divers qui entrent dans leur composition chimique. Les autres ont raconté son histoire, décrit les promenades et les sites qui l'environnent, célébré son beau ciel et ses fêtes. Avec les premiers, avec les savans, je n'ai rien à démêler, et pour cause. Aux seconds, je n'ai qu'un mot à dire, c'est qu'en écrivant ces pages, je n'ai pas espéré faire mieux, mais autrement. Les choses changent de forme, d'aspect, de couleur, selon le point de vue où l'on se place. Ce qui pénètre les uns effleure à peine les autres. Moi, le dernier venu, je viens dire comment je vois, comment je sens, comment j'admire cette féconde et splendide nature. Rien de plus: toute autre prétention serait outrecuidante et ridicule.

Tous mes prédécesseurs ont pu apporter dans leurs travaux plus de talent que moi, plus de science, plus d'imagination, plus de style et d'éclat; aucun, j'ose le dire, n'y a mis plus de son âme, plus de son cœur. Bagnères n'est pas seulement, à mes yeux, la plus aimable et la plus riante des patries, elle est encore la plus douce et la plus indulgente des mères; et l'on déracinerait plus aisément le granit des entrailles des Pyrénées, qu'on ne détacherait ma vie de ce coin de terre, où sont toutes mes affections, tous mes regrets, toutes mes espérances.

Bagnères-de-Bigorre, 6 juillet 1870.

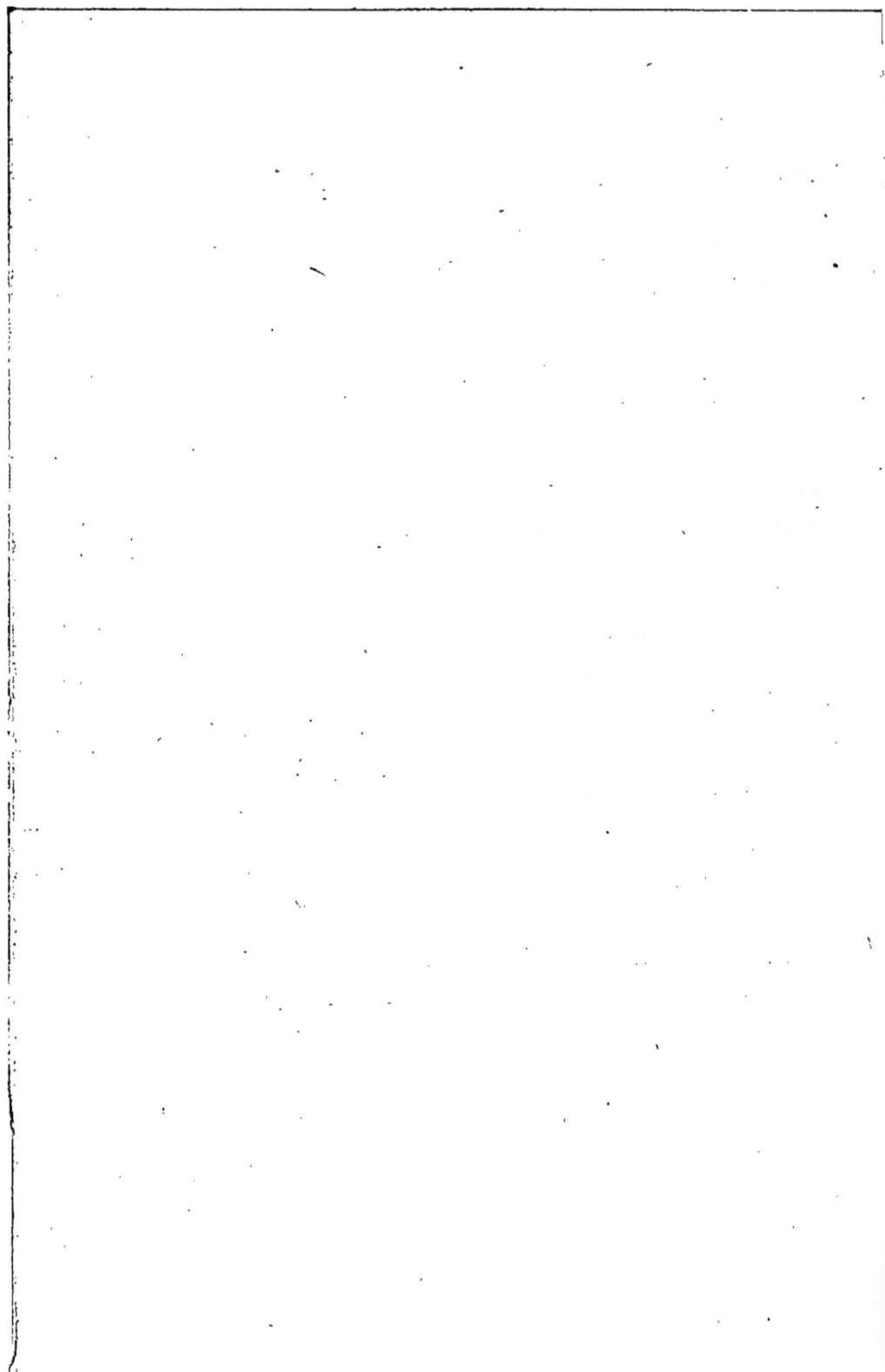

Esquisses Pyrénéennes.

BAGNÈRES-DE-BIGORRE

CONSIDÉRÉE SOUS LE RAPPORT

HISTORIQUE ET PITTORESQUE.

BAGNÈRES-DE-BIGORRE ANCIENNE.

Nous sommes à la fin de juin ou au commencement de juillet. Vous venez de Toulouse ou de Lyon, de Bordeaux ou de Paris, ou de plus loin encore; car on vient aux Pyrénées de tous les quatre coins du monde. Un ardent soleil jaunit les moissons, brûle les plantes; vous traversez les sables mouvans des Landes, ce Sahara de la France, ce désert en miniature qui

fait involontairement songer aux profondes solitudes de la Lybie : ou bien votre lourde machine
roulante gravit péniblement, sous le soleil du
midi, les pentes calcinées des coteaux du Gers
ou de la Haute-Garonne. Vous êtes las de la
monotonie des routes, de ces rubans sinueux
qui s'allongent pour se replier, se replient pour
s'allonger encore; — vous maudissez du fond
du cœur le postillon et les chevaux, le coche
et ses lenteurs, les plaines et les coteaux, le
sable et le soleil; et, pour peu qu'on vous en
priât, vous jetteriez un formidable anathème à
la nature entière; en un mot, vous êtes de mauvaise humeur. Vous voyagez depuis cinq jours,
et depuis cinq jours vous voyez se succéder et
se reproduire les mêmes horizons et les mêmes
tableaux; vous marchez, vous courez, vous
n'arrivez pas. Ces montagnes que vous venez
chercher de si loin, que vous aimiez à poétiser
dans votre imagination, vous êtes tenté de les
maudire, elles aussi; car elles semblent fuir
devant vous; et si parfois elles se rapprochent,
ce n'est qu'une illusion d'optique, un mirage
ironique et trompeur. Rassurez-vous cependant;
vous touchez au terme de vos ennuis, de vos
fatigues et de vos mécomptes; vous entrez dans

la fertile plaine du Bigorre, et déjà vous res-
sentez les premières haleines de la brise des
montagnes; vous apercevez, baignant de fraîches prairies, voilé de verts ombrages, l'Adour,
qui roule lentement ses flots apaisés, mais toujours aussi purs, aussi limpides qu'au pied des
rochers qui leur donnent naissance. Vous avez
parcouru le désert, vous rencontrez, enfin, les
premiers ombrages de l'oasis tant désirée. Voici
Tarbes, la capitale du Bigorre, ville neuve et
blanche bâtie sur une ville antique, dont il ne
reste plus de trace, ville maigre et un peu ef-
flanquée, qui, avec l'âge et le temps, finira
par prendre de l'ampleur et de la rotondité, ce
que je lui souhaite du fond du cœur, et vous
aussi. Poursuivons notre voyage.

De Tarbes à Bagnères il y a vingt kilomètres
de plaine, et huit ou dix villages échelonnés
presqu'à égale distance. La route est superbe,
mais c'est une grande route; le paysage est
charmant et varié, mais c'est la plaine, encore
la plaine. Les champs ont beau être coupés de
haies vives et de rideaux de peupliers, qui trem-
blent au vent, ce n'est point pour admirer des
moissons et des arbres, que vous avez fait deux
cents lieues dans la saison la plus brûlante de

l'année; que vous avez quitté les ombrages des
villas parisiennes, et dit adieu à ce monde de
l'art, toujours nouveau, toujours fécond, où
chaque jour un caprice éclot à côté d'une merveille, une fantaisie délicieuse à côté d'un poème
sublime. Ce qui vous convie, ce qui vous attire,
ce qui vous sollicite, ce sont les changeans horizons des montagnes, les grandes chutes des
torrens, les gorges solitaires, les glaciers sus-
pendus aux cimes, les pics couronnés de neiges, les brèches échancrant l'azur, les forêts
silencieuses et bruyantes, en un mot cette puissante et mâle nature, que l'homme n'a pas
gâtée, qu'il ne gâtera jamais; car il se sent
faible et chétif en face de ces masses prodi-
gieuses, qui l'écrasent de leur ombre. Ah! vous
avez raison. Foin de la campagne et de ses
beautés artificielles, foin des villages et des
fermes, cela se voit partout. Vous fermez les
yeux, et vous faites bien; dormez, et si c'est
possible, voyagez dans les champs du rêve et
de l'imagination, cela vaut mieux que de voya-
ger sur une grande route poudreuse, sous les
rayons obliques du soleil couchant. Pour moi,
plus heureux que vous, j'use du privilége ac-
cordé de tout temps aux peintres et aux poètes,

de ce *quidlibet audendi* dont on a tant abusé de
nos jours ; je franchis d'un bond la distance qui
vous sépare de Bagnères, et je viens m'établir
sur les flancs de la colline boisée, d'où l'ombre,
la fraîcheur et le mystère descendent sur la gracieuse cité thermale, surnommée, à bon droit,
la capitale des Pyrénées.

———————

La situation de Bagnères-de-Bigorre est sans
rivale dans les Pyrénées. Placée à l'entrée de la
vallée de Campan, sur les limites de la plaine
et de la montagne, cette charmante ville est
bâtie sur la rive gauche de l'Adour, au pied
d'une colline, d'où jaillissent un grand nombre
de sources minérales. Elle aurait pu se répandre
dans la plaine, sur les deux rives de son beau
fleuve ; mais les naïades l'ont attirée vers leurs
retraites mystérieuses, et Bagnères n'a eu qu'à se

féliciter jusqu'à ce jour de s'être montrée docile
à l'appel des divinités souterraines. La réputation de ses eaux date des Romains. Ces conquérans, ces envahisseurs que rien ne lassait, après
avoir soumis une terre, la décoraient de majestueux monumens, de ponts, d'aquéducs, de
cirques, d'arches triomphales ; après avoir
dompté un peuple par les armes ou la ruse
(tout est bon aux conquérans), ils lui faisaient
oublier la servitude dans les pompes des fêtes
et l'éclat d'une civilisation avancée. En échange
des fers qu'elle lui imposait, Rome lui donnait
les arts, qui ennoblissent la vie, mais qui éner-
vent les âmes et les caractères. Toute la Gaule
méridionale porte les traces de la conquête romaine. La Narbonaise, la Lyonnaise, la Novem-
populanie furent dotées des institutions munici-
pales de l'Italie; Arles, Toulouse, Bordeaux,
eurent leurs sénats, leurs décurions, leurs édiles,
leurs duumvirs, toute cette puissante hiérar-
chie qui prêtait tant de force et d'éclat aux antiques municipes des Latins et des Samnites.
Bagnères probablement, à l'époque de la conquête, n'était qu'une pauvre bourgade, entourée
de toutes parts de forêts impénétrables. Les
Romains l'élevèrent à la dignité de bourg prin-

cipal *(Vicus Aquensis)*, y construisirent des bains et des piscines, et, attirés par le charme du site, bâtirent sans doute quelques maisons de plaisance sur le flanc des collines. Des ex-voto et des inscriptions attestent les salutaires effets des thermes de Bagnères. Severus Seranus rend grâces aux nymphes qui lui ont rendu la vigueur et la santé. Qu'était ce Severus Seranus et ce fils de Sembedon, qui, en son nom et en celui des habitans de *Vicus Aquensis,* élevait un autel à la divinité d'Auguste, à la divinité de celui qui, avant de porter la pourpre impériale, s'appelait Octave? C'étaient probablement de riches sénateurs, de grands propriétaires de la Gaule méridionale, qui fuyaient les ardeurs du ciel de Marseille et de Toulouse, ou qui venaient demander aux nymphes pyrénéennes des secours et des soulagemens. Pauvres nymphes! ces grands voluptueux, qui dévoraient dans les fêtes et les orgies les richesses du monde, qui brûlaient leur sang dans des plaisirs sans nom, ils venaient implorer les déités rustiques, eux les profanateurs de toute grâce comme de tout mystère, eux qui ne croyaient plus qu'aux seins frémissans et aux coupes remplies! Ils élevaient des autels de

marbre, ils consacraient des pierres votives, ils
gravaient des inscriptions pieuses; et les poètes
et les rhéteurs, qui les suivaient dans leurs
voyages, qui s'asséyaient à leurs banquets, qui
les caressaient de leurs fades hexamètres, pro-
mettaient, sans rougir, l'immortalité à leurs
noms et à leur mémoire; autant eût valu pro-
mettre l'éternité aux roses du festin! N'importe,
les poètes leur parlaient du chœur dansant des
nymphes, des retraites obscures, des antres pro-
fonds où elles se dérobaient à tous les regards,
des trésors de vie et de santé qu'elles élaboraient
dans le sein de la terre; et, par mode, par
caprice, par ennui, ces incrédules épicuriens
faisaient tailler le marbre et la pierre, et les
suspendaient aux voûtes des temples et aux
portes des thermes. Le polythéisme périssait de
décrépitude et de putréfaction; mais, comme
toutes les religions usées et vieillies, il subsistait
encore officiellement dans les lois et dans les
édits, hypocritement dans les mœurs et les ha-
bitudes, tandis qu'il était déchu dans la raison,
et mort dans la conscience des hommes. Sur ses
débris croissait une doctrine jeune et forte, qui
n'aspirait d'abord qu'à la direction spirituelle,
au gouvernement des âmes. Mais chaque jour

elle prenait de nouvelles forces : des catacombes elle pénétrait dans les palais, des mœurs dans la loi civile, de la loi civile dans l'état. Partout l'église se superposait au temple, comme la société chrétienne se superposait à la société romaine. Jupiter était dépossédé par le Christ; l'image de Marie, la vierge immaculée se substituait à la statue de Diane, la chaste déesse. Partout les idoles croulaient, et le monde, qui entrevoyait sur les autels du crucifié du Golgotha une lueur d'espérance, abandonnait les symboles découronnés du paganisme, pour se précipiter dans la foi nouvelle, dans cette sainte révolte de l'intelligence contre la matière, du droit contre la force, de tous les nobles instincts du cœur contre les appétits grossiers, divinisés et glorifiés dans le culte officiel! Mais la régénération morale ne suffisait point à cette société corrompue et gangrenée. Il fallait qu'un sang jeune, une sève vierge, s'infiltrassent dans ses veines épuisées; pour vivre encore, la civilisation romaine avait besoin de s'inoculer la barbarie! Cette invasion des barbares du nord, cette avalanche humaine que le pôle lança vers le midi et l'occident, elle passa, terrible et impitoyable, sur le monde romain; mais comme les

grands ouragans, elle purifia l'air chargé de
miasmes délétères et d'émanations putrides;
elle ravagea, elle renversa; mais, en définitive,
elle fut féconde et réparatrice. Le choc fut épou-
vantable, mais il introduisit dans l'ordre ancien
un élément nouveau, plein de sève et d'énergie.
Les nouveaux venus ne tardèrent pas à se polir,
à s'humaniser au contact de cette grandeur romaine, si majestueuse encore et si haute dans
les monumens des arts, dans les temples, dans
les arènes, dans les arcs-de-triomphe. Naïfs et
enthousiastes, les enfans des tribus germani-
ques furent frappés de la solennelle splendeur
du culte chrétien. L'étonnement, aidé par un
vague instinct du cœur, les conquit à la foi des
vaincus. A partir de ce moment, le triomphe du
christianisme est complet; les derniers vestiges
de l'idolâtrie disparaissent; et les dieux, exilés
de leurs temples, renversés de leurs autels,
n'ont plus de refuge que dans quelques coins
isolés, où le zèle chrétien les poursuit sans
trève ni repos. C'est vers cette époque, sans
doute, que fut détruit à *Vicus Aquensis* le temple de Diane, qui s'élevait au midi de la ville.
Une église, placée sous l'invocation de saint
Martin de Tours, s'éleva sur ses ruines; le tem-

ple devint basilique, comme, plus tard, la mosquée de Cordoue devint cathédrale; chaque chose ici-bas a son temps, chaque idée son heure et son triomphe. Aujourd'hui, le temple et la basilique ont disparu; l'industrie s'est emparée du terrain qu'ils occupaient; et il ne reste des deux édifices détruits qu'une pierre, une pierre où se trouve écrit le nom d'Auguste, le collègue en proscription d'Antoine et de Lépide! En vérité, le temps a de terribles et profondes ironies; courbons-nous devant lui, car il est notre maître à tous!

Bagnères, comme le reste de la Gaule méridionale, passa sous la domination des Wisigoths, qui laissèrent subsister, dans leur nouvelle conquête, les monumens et les institutions de Rome. Ces barbares, qui se laissèrent aisément pénétrer par la civilisation, qui en comprenaient les bienfaits, qui en admiraient l'éclat et la splendeur, se montrèrent jaloux de continuer l'œuvre de leurs prédécesseurs; ils créèrent des routes, ils bâtirent des ponts, construisirent des aqueducs, creusèrent des canaux. Un de leurs rois, Alaric, peut-être celui-là même qui fut vaincu par Clovis, dériva les eaux de l'Adour à deux kilomètres au dessous de Ba-

gnères, et répandit ainsi la fécondité sur toute
la rive droite du fleuve, dans un espace de plusieurs lieues. Les Francs, plus rudes et plus
incultes, recrutés sans cesse par de nouvelles
bandes venues des profondeurs de la Germanie,
conquirent ou plutôt saccagèrent le royaume des
Wisigoths. Après avoir pillé, brûlé, détruit, ils
revenaient vers le nord, chargés de butin, con-
duisant devant eux des troupeaux d'esclaves.
Mais ils ne s'établirent dans le midi de la Gaule,
surtout au pied des Pyrénées, qu'après la défaite des Sarrasins, dont les débris, échappés au
désastre de Poitiers, vinrent trouver leur tombeau dans les plaines du Bigorre. Les montagnards des Pyrénées se réunirent sous la conduite d'un vaillant prêtre nommé Meslin ou
Mesclin, enveloppèrent les fils de l'Islam, et en
firent un affreux carnage. Le théâtre du combat,
situé dans le voisinage de Tarbes, entre les
villages d'Ossun et de Juillan, s'appelle encore
aujourd'hui *Lanne Mourine* (Lande des Mau-
res.)

Après cette invasion, le nord, toujours sinistre, toujours inépuisable, vomit un nouveau flot
de barbares. Les Normands, ces aventureux
pirates, pénétrèrent dans le midi par l'embou-

chure des fleuves, par la Garonne et par l'Adour, dont ils remontaient le cours sur leurs barques légères, pillant et ravageant tout sur leur passage. Dans ce bouleversement général, dans ce choc successif des peuples contre les peuples, dans ce chaos de ruines et de désastres, l'histoire générale est souvent obscure et pleine d'incertitudes. Elle est anarchique, pour ainsi dire, comme l'époque qu'elle représente. Que sera-ce donc de l'histoire particulière d'une province, de la monographie d'une ville? Quand la catastrophe est universelle, quand le deuil et la destruction se répandent sur toute une contrée, qui donc s'occupe de tel ou tel point du territoire ?

Bagnères dut subir, comme toutes les autres cités de l'Aquitaine, le fléau de l'invasion. Son nom n'est pas prononcé dans l'histoire du temps; les historiens avaient bien autre chose à faire que de s'occuper d'une chétive bourgade des Pyrénées! C'est Bordeaux, c'est Nantes, c'est La Rochelle, c'est Rouen, c'est Paris, qui sont l'objet de leurs plaintes et de leurs lamentations. C'est sur ces grandes cités, ravagées ou détruites, qu'ils versent des larmes; c'est pour elles qu'ils invoquent la protection des saints et des

martyrs. Ce n'est que plus tard, quand les
hommes du nord se sont retirés ou fixés, quand
une organisation régulière, quoique brutale,
s'est enfin établie, quand le Bigorre est devenu
un état indépendant, que nous retrouvons le
nom de Bagnères à cette page glorieuse de l'af-
franchissement des communes. La charte, oc-
troyée à notre cité par le comte Centulle III,
lui confère, entre autres privilèges et immunités,
le droit de se garder elle-même, droit précieux
qui faisait de la commune affranchie une espèce
de république indépendante. Dès lors Bagnères
s'entoure d'une ceinture de remparts, flanquée
de fortes tours, épaulée de massifs bastions.
Ce n'était pas tout que de conquérir la liberté,
il fallait encore l'assurer et la défendre. Dans
cette époque convulsive et tourmentée du moyen
âge, le droit n'était qu'un vain nom, s'il ne
s'abritait pas derrière la force. Les communes,
récemment émancipées, avaient des ennemis
puissans et redoutables; Bagnères, dont le territoire s'étendait au loin, et confinait du côté
des montagnes avec celui du Lavedan, avait de
fréquens démêlés, sans doute à propos de pâturages; avec les rudes montagnards de cette
vallée. Ses murailles la protégèrent efficace-

ment contre leurs incursions. Elles ne lui furent
pas moins utiles pour échapper à la pression
tyrannique des barons du voisinage, qui mettaient au nombre de leurs hauts faits le pillage
et le sac d'une ville. Néanmoins, cette indépen-
dance des communes était précaire, exposée à
bien des hasards et à bien des périls. Isolées,
sans lien commun, elles étaient à la merci des
événemens : aussi passaient-elles fréquemment
d'une domination à une autre domination, d'un
maître à un autre maître. C'est ainsi que Bagnères, suivant les destinées si diverses du
comté de Bigorre, dépendit tour à tour de la
France et de l'Angleterre. Après de longues
contestations entre une foule de prétendans, le
pays de Bigorre fut réuni à la couronne de
de France, sous Philippe le Bel. Le traité de
Brétigny le remit entre les mains de l'Angleterre. Il fut compris dans les vastes possessions
qu'administrait avec autant de sagesse que de
fermeté, ce fameux prince Noir, si fatal à la
France, et qu'entourait, à Bordeaux, une brillante cour de barons, de prélats et de poètes.
Cette époque fut marquée pour notre ville par
un de ces désastres qui laissent un long et la-
mentable souvenir dans la mémoire des hommes.

Henri de Transtamarre disputait le trône de Castille à son frère Pierre le Cruel. Vaincu par le prince Noir, allié de Pierre, Henri se réfugie sur les terres de France. Il recrute bientôt, avec l'aide de Duguesclin, des bandes de routiers et de malandrins, qui faisaient la guerre pour leur propre compte, dévastant tour à tour les états du roi de France et ceux du roi d'Angleterre. Animé par la vengeance, le prince castillan, en se dirigeant de nouveau vers l'Espagne, se jette sur les domaines du prince Noir. Par une nuit sombre et pluvieuse, il se présente sous les remparts de Bagnères. Les bourgeois dormaient, les sentinelles faisaient mauvaise garde. Les malandrins dressent en silence leurs échelles contre les murs du couvent des Dominicains, situé au nord de la ville. Ils y pénétrent sans être découverts, et de là se répandent dans la place où ils commettent les plus affreux ravages.

Après des luttes sanglantes, après de terribles séditions qui valurent à la malheureuse cité un fléau tout aussi funeste que les malandrins, l'excommunication papale; après une guerre longue et cruelle, qui aboutit à l'expulsion des Anglais, le comté de Bigorre rentra,

avec le reste de la Guienne, sous la domination
des rois de France. Mais il ne tarda point à être
détaché du royaume, pour passer à la maison de Foix, qui en revendiquait depuis long-
temps la propriété. Sous ses nouveaux comtes,
le Bigorre jouit d'un calme profond et d'une
prospérité non interrompue.

Nous sommes arrivés à l'époque de ce brillant Gaston-Phœbus, que Froissard visita dans
sa somptueuse demeure d'Orthez, et sur lequel
l'inimitable conteur nous a laissé non seulement de si merveilleux, mais encore de si tragi-
ques récits. Sous l'administration protectrice et
tutélaire des princes de la maison de Foix, Bagnères dut nécessairement s'agrandir et se développer. Au milieu du seizième siècle, elle devient
le rendez-vous de la noblesse du Bigorre, de la
Navarre et de la Guienne. La réputation de ses
eaux, la beauté de son ciel, la fraîcheur de ses
vallées, attirent les nobles dames, les grands
seigneurs, les poètes et les penseurs de ce seizième siècle, qui dépensa tant de sang et de
génie pour constituer une société nouvelle, pour
créer une langue et une littérature. C'est alors,
sans doute, que Montaigne visita les Pyrénées,
et que le charmant sceptique, l'homme des

jouissances aisées et des élégans plaisirs écrivit
ces lignes gracieuses, qui sont les titres de
noblesse de Bagnères, comme cité thermale :
« I'ay veu, par occasion de mes voyages, quasi
» touts les bains fameux de chrestienté; et,
» depuis quelques années, ay commencé à m'en
» servir : car, en général, i'estime le baigner
» salubre, et crois que nous encourons non
» légières incommoditez en nostre santé, pour
» avoir perdu cette coustume, qui estoit generale-
» ment observée au temps passé quasi en toutes
» les nations, et est encore en plusieurs, de se
» laver le corps touts les iours; et ne puis ima-
» giner que nous ne vaillions beaucoup moins
» de tenir ainsi nos membres encroustez et nos
» pores estoupez de crasse... A cette cause, i'ay
» choisi iusqu'à cette heure à m'arrester et à
» me servir de celles où il y avait plus d'amœ-
» nité de lieu, commodité de logis, de vivres
» et de compaignies, comme sont en France les
» bains de Banières; en la frontière d'Allemai-
» gne et de Lorraine, ceulx de Plombières; en
» Souysse, ceulx de Bade..... »

Que pensez-vous de cet éloge des bains en
général, écrit avec une simplicité si charmante,
une grâce si naïve et si vraie? Ne dirait-on pas

d'un fragment de Plutarque, mais de Plutarque, traduit par Amyot, ou par Montaigne lui-même, ce qui est tout un? Et Bagnères n'a-t-elle pas droit de se montrer fière du souvenir que lui accorde l'aimable épicurien, qui voulait, avant tout, la vie légère et facile.

Peut-être l'auteur des Essais se rencontra-t-il au pied des Pyrénées avec ce capitaine et ce poète gascon de tant de fougue et d'imagination, qui éperonnait peut-être un peu trop son pégase, et rudoyait sans merci la muse délicate de Desportes, avec ce Dubartas, qui, lui aussi, a célébré Bagnères, et

Ces monts enfarinés d'une neige éternelle!

Ce devaient être de curieux entretiens (si entretiens il y a eu) que ceux de ces deux hommes, de ces deux littérateurs du même terroir, si divers de caractère, si opposés de convictions, qui l'un et l'autre avaient une si haute place dans l'estime des contemporains, mais qui devaient l'avoir si différente dans celle de la postérité. De quel air l'ingénieux auteur des Essais devait-il écouter les vers sublimes quelquefois, grotesques et boursoufflés le plus souvent, où

le capitaine huguenot chante avec tant d'ardeur
et de foi les merveilles de la création, et semble
ne traduire la Bible que pour la plus grande
gloire du protestantisme? Imaginez-vous ces
deux grandes figures du seizième siècle, cheminant ensemble sous les verts ombrages des collines pyrénéennes, devisant, discutant, argu-
mentant, l'un calme, souriant, plein de bon
sens spirituel et de grâce sceptique, ne deman-
dant à cette belle nature que la santé et les
doux loisirs; l'autre, impétueux et bouillant
comme tous les sectaires, laissant déborder son
enthousiasme et sa passion, s'inspirant, s'eni-
vrant de cette sublime poésie qui descend de ces
montagnes; imaginez-vous, dis-je, ces deux
représentans d'une grande et terrible époque,
s'entretenant familièrement, et vous aurez une
idée des rapprochemens fortuits qui s'opèrent,
chaque jour, au milieu de cette société flottante
qui vient s'établir au pied des Pyrénées, au sein
de cette grandiose nature qui pacifie les cœurs,
et qui nous fait indulgens en nous faisant
petits !

Montaigne dut profiter sans doute, pour visiter
Bagnères, de quelques-uns de ces momens de
court répit que les catholiques et les protestans

laissèrent à cette pauvre terre du Bigorre, qui pendant plus de trente ans fut un champ de bataille, une arène sanglante où les passions religieuses se déchaînèrent avec une impitoyable férocité. Foulé tour à tour par les bandes de Mongoméry et par celles du maréchal de Monluc, en qui semblait s'être incarné le démon de la guerre civile, cet infortuné pays offrait l'image de la plus affreuse désolation. Là où avaient passé ces farouches capitaines, l'herbe ne croissait plus; les villes, décimées par la guerre, étaient dévorées en masse par des contagions et des pestes noires; les campagnes ravagées, incendiées par les deux partis, étaient nues et vides comme le désert. Tarbes resta trois ans abandonnée; et Bagnères, atteinte en 1588 par une terrible épidémie, fut presque entièrement dépeuplée. Le fléau, disent les registres de la ville, ne cessa que par l'intervention de Notre-Dame de Médoux, qui se laissa toucher par les prières et les larmes des habitans, venus processionnellement aux pieds de sa sainte image. En tête de la procession s'avançait une femme de Baudéan, nommée Liloye, qui fit, dit-on, en se traînant à genoux, le trajet de Bagnères à Médoux. A son approche, toujours suivant les

récits contemporains, les cloches se mirent à
sonner d'elles-mêmes. Tout le monde fut frappé
de ce prodige, et, dès ce moment, la bonne
femme, à qui le peuple attribuait la cessation
du fléau destructeur, fut honorée et bénie comme
une sainte.

Durant tout le règne d'Henri IV, Bagnères
jouit d'un calme profond et réparateur. Mais ce
ne fut là qu'une courte trève. Désolée de nouveau par une épidémie qui ravageait tout le
Languedoc, ébranlée par un tremblement de
terre qui renversa plusieurs maisons; enfin,
déchirée par des dissentions intestines, cette
malheureuse cité semblait condamnée à des
malheurs sans fin et à d'irréparables catastro-
phes. Cependant de ces ruines et de cette désolation est sortie cette ville jeune, brillante,
parée, qui ne semble avoir connu que les jours
tranquilles et sereins, qui convie les heureux
de la terre à ses joies et à ses fêtes, et qui étale
avec tant de grâce et d'harmonie les merveilles
légères et fragiles de l'art, à côté des éternelles,
des impérissables merveilles de la nature. C'est
là un des miracles de cette civilisation que des
insensés osent encore outrager, mais qui, toujours active et féconde, répond à ses détracteurs

par de nouveaux bienfaits, de nouvelles découvertes, de nouveaux prodiges.

De la fin du dix-septième siècle jusqu'à nos jours, l'histoire de Bagnères est purement thermale. La vertu de ses eaux est en grand renom dans toutes les contrées de l'Europe. En 1675, Mme de Maintenon, qui s'appelait encore Françoise d'Aubigné, conduit à Bagnères le duc du Maine, fils naturel de Louis XIV et de Mme de Montespan. Ce voyage fut, pour ainsi dire, la première étape de cette route sinueuse, qui devait conduire jusqu'au pied du trône cette prude, si habilement spirituelle, si froidement dévote, qui se montrait si collet monté avec le grand roi, après avoir fait si peu de façons avec les habitués des soupers de Scarron. Sur la pente de ces coteaux qui portent encore son nom, et dont elle aimait les calmes et riants aspects, la petite fille d'Agrippa d'Aubigné se préparait, sans doute, à ce rôle qu'elle joua plus tard avec tant de suite, trente années durant, entre un confesseur impérieux et un roi ennuyé. Cependant elle aura beau faire, beau composer son esprit et son cœur, beau se réfugier, beau s'exiler dans la paix de Saint-Cyr, beau commander la dévotion et la décence, l'histoire ne

se laisse pas prendre à l'extérieur des choses;
elle brise tous les masques, elle soufflette toutes
les hypocrisies, et, sous la marquise de Maintenon, sous cette quasi-reine de France, dispo-
sant de tout, du roi et du royaume, de la paix
et de la guerre, de la religion et des finances,
elle saura bien retrouver l'épouse de Scarron et
l'équivoque amie de Ninon de Lenclos!

C'est de Bagnères que cette femme, si souple
et si pliante, écrivait à Mme de Montespan ces
lettres élégantes, correctes, où tout était calculé
jusqu'au moindre sentiment, et qui, passant
sous les yeux de Louis XIV, produisirent dans
son esprit une impression vive et profonde. Le
roi, lassé des grands airs d'Athénaïs de Morte-
mart, avait besoin d'une amie, d'une confidente:
il choisit la veuve de Scarron. Mais il avait aussi
besoin d'une maîtresse, et Françoise d'Aubigné
savait ce que duraient les fantaisies royales.
Elle s'entoura d'une barrière de scrupules, et
mena les choses avec tant d'art et de finesse,
qu'elle devint, à cinquante ans, l'épouse légitime du plus fier des monarques, elle qui, à
vingt ans, dans la fleur de la jeunesse et de la
beauté, s'était crue trop heureuse d'unir sa des-
tinée à celle de l'auteur du Roman Comique!

En vérité, la fortune a d'inconcevables vicissitudes et des tours de roue qui nous étonnent et nous confondent!

Mme de Maintenon, au sein des grandeurs, assise à côté de Louis XIV encore puissant et respecté, s'est-elle souvenue de Bagnères, où elle entrevit je ne sais quelle lueur d'espérance lointaine? Rien ne porte à le croire. Les parvenus oublient si vite!

Une autre femme, une autre célébrité du grand siècle, une autre quasi-reine, amie et confidente de Mme de Maintenon, vint aussi séjourner à Bagnères. Mais celle-ci fière, hautaine, majestueuse, y parut dans tout l'éclat de la puissance suprême, entourée de respects et d'hommages.

L'année qui précéda la paix d'Utrecht, ce fut un grand ébahissement pour les dignes bourgeois de Bagnères, de voir entrer dans leur ville, sur une litière de damas rouge, une femme qu'escortait un détachement des gardes-du-corps du roi d'Espagne. Ce n'était rien moins que cette fameuse princesse des Ursins, la favorite du roi et de la reine d'Espagne, qui dominait à Madrid par la fascination d'une volonté puissante, comme Mme de Maintenon dominait à Versailles

3

par la réserve froide et compassée. Anne-Marie
de la Trémouille, devenue veuve de Talleyrand,
prince de Chalais, épousa ensuite le prince de
Bracciano, de la maison des Ursins. Ce dernier
étant mort en 1698, et le duché de Bracciano
ayant été vendu, elle prit le titre de princesse
des Ursins. Marie de la Trémouille avait long-
temps brillé à la cour de Louis XIV. Elle avait
une de ces têtes mâles et sévères qui excluent
la grâce, mais qui commandent l'admiration. On
parlait beaucoup aussi à la cour de Versailles
d'un genre de beauté particulier à la princesse
de Chalais, et que Saint-Simon seul a droit
de nommer dans son style si impertinemment
grand seigneur. Ce qui est liberté sous sa plume
serait cynisme sous la nôtre. Quoi qu'il en soit,
à soixante-cinq ans, la princesse des Ursins
était encore belle, et quand elle parut à la cour
de Philippe V, en qualité de dame d'honneur
de la reine, elle plia tout sous l'ascendant d'une
volonté forte et d'une raison supérieure. Maîtresse absolue dans le palais, redoutée des mi-
nistres et des courtisans, caressée par Mme de
Maintenon, elle dirigeait sans contrôle l'administration et la politique extérieure de l'Espagne.
Qui le croirait? cette femme, qui partout ailleurs

qu'à Madrid eût été sans crédit et sans influence, elle eut le pouvoir de faire obstacle pendant plusieurs mois à la volonté de la France et à celle de l'Europe. Dans la prévision de ces changemens subits qui s'opèrent dans les cours, elle avait rêvé une principauté indépendante dans les Pays-Bas.

Cette prétention arrêta pendant plusieurs mois la signature de la paix générale. C'est de Bagnères, c'est du pied des Pyrénées, qu'elle dirigeait les fils serrés de cette intrigue diplomatique, qui partait de Madrid pour aboutir à Utrecht. Comme l'araignée, elle se tenait au centre de la toile. Tant d'efforts furent perdus, la paix fut signée malgré la princesse des Ursins, et sans qu'il fût fait mention de l'Espagne. Irritée, mais non abattue, cette femme ambitieuse revint à Madrid, où elle continua long-temps encore à exercer le même empire. Mais sa fortune devait s'écrouler aussi rapidement qu'elle s'était élevée. Après la mort de la princesse de Savoie, première femme de Philippe V, Mme des Ursins eut quelque temps la pensée de lui succéder. Mais elle ne tarda point à renoncer à ce projet. Alors elle jeta les yeux sur une princesse de Parme, Elisabeth Farnèse, qu'elle croyait aisé-

ment dominer. Mais son espérance fut encore
déçue de ce côté. A peine entrée en Espagne,
l'énergique italienne fait jeter dans une voiture,
entre deux officiers des gardes, la favorite qui
était venue au devant d'elle pour lui faire sa
cour; et celle qui pendant plusieurs années
avait tenu la royauté en tutelle, disposé de toutes
les grâces et de toutes les faveurs, tombée tout
à coup du haut de sa fortune dans l'abandon,
presque dans le mépris, s'acheminait vers Ba-
yonne, vers l'exil, par une nuit froide d'hiver,
sur cette même route où elle avait recueilli,
quatre années auparavant, tant d'hommages et
d'acclamations! Bagnères l'avait vue au zénith
de sa puissance, environnée de gardes et de
courtisans, flattée comme une reine; Bagnères
devait la revoir seule, abandonnée, malade cette
fois, accablée de regrets et d'ennuis, mais
superbe encore et majestueuse jusques dans
sa chute, colonne d'un temple écroulé, debout
parmi les débris et les ruines !

Bagnères a vu passer sous ses yeux bien d'autres fortunes et bien d'autres gloires. Elle a vu
se succéder, dans leurs habits de velours et de
soie, tous ces grands seigneurs du dix-huitième
siècle, tous ces brillans courtisans qui savaient

mettre de la grâce jusques dans l'impertinence,
de l'esprit jusques dans l'obscénité ; Richelieu,
qui eut des bonheurs inouïs à la guerre, comme
dans les boudoirs ; Nivernais, qui faisait les
vers légers presqu'aussi bien, ma foi ! qu'un
vrai poète ; Mazarin, qui, fuyant la Bastille de
Paris, rencontra celle des Pyrénées, ce sombre
et solitaire château de Lourdes ; enfin le duc
d'Aiguillon, tout martyrisé d'épigrammes, qui
semblait demander aux naïades des Pyrénées
(on croyait encore alors aux naïades) l'oubli des
grandeurs de Versailles et de Trianon ! Là où
venaient les grands seigneurs venaient aussi les
poètes. Les Horaces s'attachaient aux Mécènes.
Bertin et Parny ont fait le voyage des Pyrénées ;
tous deux ont séjourné à Bagnères, ont promené
leurs regards sur ce beau fleuve impétueux,
sur ces verdoyantes collines, sur tous ces horizons charmants, qui nous sollicitent, qui nous
émeuvent, qui nous inspirent, nous poètes de
ce temps, qui croyons la nature plus splendide
que l'art, qui préférons le charme rustique d'un
vallon de la Suisse ou des Pyrénées à toutes les
pompes des parcs royaux, tout peuplés de marbres et de statues. Mais le dix-huitième siècle
ne comprenait rien à cette poésie mystérieuse,

pénétrante, qui se détache ou s'exhale du sein
des choses éternelles, qui s'élève de l'Océan ou
descend des montagnes. Bertin et Parny ai-
maient et rendaient la nature comme Boucher
l'a peinte. Leurs élégies ont pour horizon un bou-
doir; et si parfois elles se hasardent au dehors,
elles ne dépassent pas les limites d'un bosquet
de Le Nôtre, les bords d'un bassin de marbre,
où des tritons accroupis versent une onde qui
semble craindre de murmurer! C'était alors le
temps des bergères musquées.

Où donc est aujourd'hui cette société élégante, polie, frivole, ce mélange de grâce légère
et d'esprit philosophique; où sont ces belles
duchesses si charmantes et si folles, ces beaux
marquis si prodigues d'argent et d'amour, qui
savaient tout ennoblir jusqu'à la dépravation des
mœurs? Demandez à cette tourmente qui a passé
sur la France et sur le monde; demandez à ce
torrent qui a tout roulé, tout mêlé dans son cours
irrésistible; demandez à cet incendie qui a dévoré
et fondu tous les élémens hétérogènes, et d'où
est sortie, une et désormais indivisible, indes-
tructible, cette France moderne, notre amour et
notre gloire à tous!

Ne vous lamentez pas sur l'esprit éteint et

sur la grâce perdue ! Ces dons heureux du
caractère français, ils n'ont pas péri ; ils ont
survécu à toutes les convulsions et à tous les orages, et on les respire toujours dans les salons de
Paris comme sous les ombrages de Bagnères.
Voyez plutôt ces femmes rieuses et folâtres, qui
provoquent du regard et du sourire ces élégans
cavaliers qui s'inclinent avec tant de grâce, ou
s'élancent sur leurs pas avec tant d'ardeur et
d'entrain. Lauzun et Richelieu ne trouveraient
rien à redire à la tenue de ces jeunes hommes,
et la marquise de Crequy n'aurait pas une épi-
gramme à lancer à ces grâcieuses amazones.

Sans doute, l'esprit et la grâce ne sont plus
des priviléges exclusifs ; ils brillent dans nos
fêtes, ils courent les rues, ils gravissent les
montagnes ; le grand malheur, en vérité ! Mais
c'est là précisément ce qui fait de Bagnères une
cité à part entre les cités pyrénéennes ; c'est ce
qui lui donne cette physionomie vive, ardente,
animée, cet air de grande ville, qui ne déplaît
pas, au sein de cette nature si grâcieusement
pittoresque, si suavement idyllique. Parcourez
les rues et les promenades par un beau soir
d'août ou de septembre ; partout vous rencontrerez sur vos pas une population bruyante,

bariolée de mille couleurs, pleine de diversités
et de contrastes, allant boire aux mêmes sources, respirer les mêmes brises, jouir du même
spectacle, du soleil qui se couche, de la lune
qui se lève, d'un feu d'artifice qui étincelle,
d'un ballon lumineux qui plane dans les airs.
Marchez dans cette foule, écoutez les voix qui
s'en échappent, les réflexions qui s'y échan-
gent, les bons mots qui s'y croisent, et dites-
moi si Bagnères a rien à regretter de son
passé, si elle n'est pas toujours la ville des
élégans et faciles plaisirs, la ville thermale
par excellence, une rue de Paris au pied des
Pyrénées ?

BAGNÈRES-DE-BIGORRE MODERNE.

———

Nous avons rapidement et à grands traits esquissé l'histoire de la ville antique, disparue aujourd'hui sous la ville neuve et brillante, qui repose si coquettement au pied de ses verdoyans coteaux. Bagnères-de-Bigorre, vous avez pu vous en convaincre, n'a pas toujours été cette métropole des établissemens thermaux des Pyrénées, dont l'aspect vous enchante tout d'abord, dont le séjour vous captive à votre insçu, dont le charme vous retient malgré vous, cette cité jeune, fraîche, riante, un peu folle parfois, qui, pendant tout l'été, retentit sans cesse du galop des chevaux, des accens de la joie, du bruit des chants et des concerts. Hélas ! comme toutes ses tristes sœurs du moyen âge, Bagnères

a eu ses jours de deuil et d'épouvante. Quand
la force régnait seule dans ce monde féodal voué
à tant de luttes et de misères, une lourde ceinture de remparts lui serrait les flancs ; de
massives tours la couvraient de leur ombre, lui
interceptaient le soleil et les brises. Ces rues,
où l'air circule aujourd'hui si librement, où le
pied glisse sur une surface unie, n'offraient à
l'œil attristé que des maisons lépreuses, toujours
fermées, véritables tombeaux où l'homme ha-
bitait avec le deuil et l'effroi, ces hôtes familiers
de la demeure du riche comme de celle du
pauvre. Ce n'est que plus tard, quand un peu
d'ordre s'est introduit dans ce chaos, quand les
existences et les fortunes sont moins exposées,
quand des garanties efficaces assurent les rela-
tions sociales, c'est alors seulement que Bagnères commence à s'accroître, à s'étendre, à
se développer. Un jour elle recule l'enceinte de
ses remparts et respire plus à l'aise ; un autre
jour elle oublie de fermer ses portes, et le lendemain, en se réveillant, elle est toute surprise
de n'avoir été ni pillée ni rançonnée. Enfin, le
calme et la sécurité grandissant autour d'elle,
elle prend une résolution hardie, héroïque ; elle
démantèle ses fortifications, elle fait brèche à

ses murailles, elle tronçonne ses tours, et la
voilà qui s'unit aux faubourgs, qui se répand
joyeusement dans la plaine, qui se donne de
l'air, du soleil et de l'espace. Peu à peu, lentement, progressivement, elle abat les vieilles
masures qui la déparent, elle aligne ses rues,
elle élargit ses places et ses marchés, elle plante
ses promenades, et au lieu de cette lourde
enceinte qui pesait sur elle, qui l'écrasait, qui
l'étouffait, elle s'entoure, la folâtre nymphe,
d'une verte ceinture de peupliers et d'ormeaux,
qui lui versent l'ombre, la fraîcheur et le mystère. Depuis cinquante ans, Bagnères a marché
d'un pas rapide dans la voie du progrès et des
améliorations matérielles. D'élégantes et spa-
cieuses maisons se sont élevées de toutes parts,
des rues nouvelles ont été percées; de somptueux édifices de marbre ont reçu les sources
qui jaillissent des flancs de la montagne; de
larges allées, d'où l'œil s'étend au loin sur la
plaine, ont été tracées sur les versans des collines; des sentiers, unis et faciles, serpentent
et se déroulent sur la croupe des montagnes, et
par des pentes habilement ménagées, conduisent les étrangers jusqu'aux sommets des pics,
jusqu'à ces observatoires naturels, qui, de loin,

semblent inaccessibles, et d'où l'on saisit, pour ainsi dire, dans un regard, un magnifique ensemble de coteaux, de vallées et de montagnes.

Ce n'est rien encore. Ce ne sont pas seulement les savans, les artistes et les malades qui se rendent aux Pyrénées; la mode (et cette fois la mode n'est ni absurde ni même capricieuse), attire chaque année, dans nos riantes vallées, une foule de femmes charmantes et de beaux jeunes hommes, qui ne viennent pas uniquement admirer les grandes scènes de la nature, mais qui ne s'exilent de la vie parisienne, que pour la retrouver plus libre, quoique tout aussi élégante, dans un vallon solitaire, aux bords d'un torrent qui écume et qui gronde. Pour cette population d'élite, qui court sans cesse après le plaisir, qui compte si peu avec le temps, qui dépense la vie avec tant de grâce, Bagnères a su créer un établissement qui n'a point de rival dans les Pyrénées, et qui a si dignement succédé à ce Frascati, dont les soirées dansantes ont joui long-temps d'une réputation européenne : je veux parler de ce Casino, qui est bien jeune encore, puisqu'il compte à peine deux années d'existence; mais qui, dans ce court espace de temps, a su conquérir une

réputation éclatante et méritée. Fondé en 1848
par un homme d'esprit et de goût, qui ne recule
devant aucun obstacle, qui ne s'endort sur aucun succès, soutenu par les subventions de la
caisse municipale, cet établissement, ouvert à
tous les plaisirs, semble appelé à exercer une
utile et féconde influence sur les destinées de
Bagnères. Là, trois fois par semaine, dans des
salons décorés avec un luxe élégant, rayonnant
de l'éclat des bougies et des lustres, embaumés
de fleurs, aux sons d'une musique dirigée par
un chef d'orchestre parisien, s'entasse, se mêle,
se confond cette société brillante et choisie, qui
se transforme sans cesse durant trois mois, qui
sans cesse se recrute de nouvelles grâces, de
nouvelles beautés, de nouveaux talens. Là vous
rencontrez tous les types, toutes les variétés,
tous les contrastes, la rose et blonde anglaise, la
brune espagnole, la pâle italienne, la plantu-
reuse allemande. Vous êtes ou charmé ou eni-
vré. Toutes ces têtes gràcieuses s'agitent dans
les quadrilles, tourbillonnent dans les walses,
disparaissent dans les polkas et les mazourkas,
reparaissent tout à coup étincelantes de joie et
de plaisir ; c'est un éblouissement, une fascination, une féerie.

Mais le Casino ne demeure pas toujours en-
fermé sous ses lambris, j'entends le Casino
vivant, c'est-à-dire son directeur et son orchestre; il monte à cheval ou en calèche, et se
dirige vers la vallée de Campan, suivi d'un
essaim de brillans cavaliers et de belles amazones; et là, sous les grands peupliers de Saint-
Paul, au murmure des eaux, sur une pelouse
veloutée, la bande joyeuse forme des quadrilles
à désespérer le chœur dansant des nymphes.
Que dites-vous de ces bergeries, où rien n'est
bucolique et champêtre que le cadre et le paysage, mais où tout est fin, spirituel et de bon
goût?

Mais voici la grande fête de Bagnères, celle où
tous sont appelés, où tous sont élus; le Casino,
cette fois, devient populaire; il descend dans la
rue au son des fanfares; il est partout, aux
Vigneaux, dont il égaie la solitude, aux Coustous, dont il redouble les bruits, aux Thermes,
dont il effarouche les naïades, à Salut, dont il
éveille les échos. Sur ses pas, bondit, se presse,
se croise, se heurte, s'allonge, se replie, se
déploie une population ardente, mobile, bigar-
rée, où tous les costumes se mêlent, où tous
les rangs se confondent, où tous les idiomes

se choquent; véritable mosaïque de têtes qui
s'agite et qui marche ! Ici ce sont les courses à
âne, là les courses aux cruches, plus loin les
mâts de cocagne. La nuit vient. Les merveilles
deviennent plus éclatantes; tout à coup les
arbres des Coustous s'illuminent de verres de
couleur; des ballons s'élèvent dans les airs;
des fanfares éclatent; des orchestres en plein
vent invitent à la danse toute cette population
heureuse et enivrée. Puis tout à coup les danses
s'interrompent; un feu d'artifice lance vers le
ciel ces feux changeans, ces gerbes de lumière
qui obscurcissent l'azur et semblent effacer les
étoiles. A minuit, toute cette foule se disperse
bruyante et satisfaite, rendant grâces à ceux
qui savent lui ménager de tels amusemens et
la convier à de si splendides fêtes.

Durant cette journée, Bagnères présente un
spectacle vraiment curieux aux regards de l'ob-
servateur. Plus de quinze mille personnes cir-
culent dans les rues et sur les places publiques;
les habitans des vallées descendent en masse,
revêtus de leurs costumes primitifs; les vil-
lageois de la plaine, les villageoises surtout,
accourent en habits de fête; le bonnet de laine
blanche signale aux yeux le pâtre Pyrénéen,

qui regarde sans surprise et sans curiosité toutes
ces pompes et toutes ces magnificences. Quoi
d'étonnant ? Il voit chaque jour le Pic du Midi
sur sa tête. Plus loin, c'est le montagnard de
Barèges qui vous couve de son regard avide.
Là, c'est l'Ossalois aux formes élégantes et
robustes, couvert de sa veste rouge et tombante;
il coudoie le dandy parisien, le regarde d'un air
dédaigneux; il n'a pas tort; il est élégant,
et nous sommes si ridicules! Enfin, voici le
Béarnais, coiffé de son berret brun, les mains
passées sous sa blouse flottante; rien n'échappe
à son coup d'œil rapide et investigateur; il est
partout, il voit tout, il observe tout. Il vient
à Bagnères pour prendre les eaux, comme il
dit lui-même; et il en use largement, je vous
assure. Spirituel, narquois, aimant à tout voir
et à tout connaître, il accourt le premier à tous
les spectacles; le chanteur en plein vent n'a
pas d'auditeur plus assidu, le saltimbanque pas
d'admirateur plus enthousiaste. Mais il n'accorde à l'un et à l'autre que l'honneur de sa
présence. Aussitôt qu'un appel est fait à la gé-
nérosité du public, le Béarnais disparaît on ne
sait où; il s'évanouit, il se volatilise. Les plaisirs
gratuits sont les seuls qui soient de son goût. Il

déteste, il abhorre, il abomine tous ceux pour
lesquels il faut payer à la porte; aussi met-il
Bilboquet et Paillasse bien au dessus des plus
grands artistes dramatiques. Si, par hasard, les
spectacles en plein vent lui font défaut, le *couyé*
(c'est le nom que l'on donne aux paysans béarnais qui viennent aux eaux) trouve le moyen de
se dédommager amplement : le jour, il lit, d'un
bout de rue à l'autre, toutes les enseignes de
boutiques, toutes les affiches placardées sur les
murs; la nuit, il admire l'éclairage des magasins et les mille fantaisies du luxe, d'où jaillissent des reflets lumineux qui l'éblouissent et
l'enchantent. C'est pour lui que le Casino semble
avoir été créé et mis au monde. S'il lui est in-
terdit d'en franchir le seuil, s'il ne peut point
repaître ses yeux des merveilles qu'il renferme, il peut au moins contempler la foule
des heureux qui s'y rendent à pied, en chaise,
en voiture; il peut charmer ses oreilles des
mélodies qui s'en exhalent. Mais le jour où le
Casino se répand dans la ville, c'est le *couyé,*
présent partout, qui en jouit avec transport,
avec délices; c'est lui qu'on trouve toujours aux
premières places ; c'est lui qui donne le signal
des applaudissemens, jamais celui de la retraite.

Je ne doute pas que le nom de M. Beckhaus, l'ordonnateur de toutes ces fêtes, ne soit aussi populaire dans les campagnes du Béarn, qu'il l'est au sein de cette population intelligente de Bagnères, qui a compris d'instinct tout ce qu'il y avait d'utile et de fécond pour elle dans l'entreprise dirigée avec tant de zèle et d'esprit par l'infatigable parisien, par cet homme de tant de verve, d'entrain et d'imagination.

Maintenant êtes-vous las de walses, de polkas et de mazourkas? Eprouvez-vous le besoin d'égayer votre esprit, ou de vous laisser bercer dans ce monde vaporeux des sons, de vous envoler loin de la terre, sur les ailes du caprice et de la fantaisie? En un mot, désirez-vous entendre, pour la vingtième fois peut-être, une de ces délicieuses créations, où sur un de ces fins et légers canevas de Scribe, Aubert a brodé de si charmantes fleurs de sentiment et de poésie? Venez au théâtre, vous trouverez une salle propre, commode, passablement décorée. Vous écouterez des voix flexibles et harmonieuses; vous encouragerez des acteurs de talent, pleins de zèle et de bonne volonté; et pour peu que vous soyez bienveillant, vous applaudirez du cœur et de la main; et si, en vous retirant, vous rencontrez M. Hermant sur votre passage, vous féliciterez ce digne directeur, qui le mérite bien, je vous le jure ; car voilà dix ans et plus qu'il lutte avec une persévérance que rien ne peut lasser contre des difficultés de tout genre, qu'il dépense, dans son arrondissement théâtral, plus d'efforts et d'activité qu'il n'en faudrait pour l'administration de toute une province. Allez, serrez la main à ce brave homme ; il est de ceux qui pensent que l'éloge engage, et que le succès oblige.

Ici un scrupule me saisit. Je vous parle des amusemens et des plaisirs de Bagnères, je vous décris la pompe et l'éclat de ses fêtes, et j'oublie (le bonheur rend égoïste) que ce ne sont pas seulement les riches, les ennuyés, les belles dames et les cavaliers fringans qui se rendent à l'appel de l'aimable enchanteresse, mais que de vrais malades viennent lui demander des consolations et des remèdes. Eh bien ! qu'ils le sachent, ces pauvres affligés : on s'amuse beaucoup à Bagnères, mais on y guérit aussi. On a bien voulu faire croire le contraire, on a bien voulu nier l'efficacité de ses eaux ; mais les faits sont là, constants, irrécusables. Voyez-vous cette jeune fille languissante, étiolée, qui penche tristement son regard vers la terre? Dans quelques semaines, quand elle aura bu le fer liquéfié, la fraîcheur renaîtra sur ses joues amaigries, l'éclat dans ses yeux éteints, et vous pourrez la contempler, belle et refleurie, dans un ardent quadrille, souriant à quelque pensée heureuse. Et ce pauvre diable, qui se traîne à peine, criblé de douleurs et de rhumatismes, quand les vapeurs salines auront pénétré les muscles et les tissus de ses membres, quand il aura reçu sur les parties souffrantes le jet continu de douches actives et puissantes, qui font, pour ainsi dire, bouillir les nerfs, vous le verrez jeter bien loin ses béquilles, et peut-être même gravir d'un pas léger les pentes des montagnes. De pareils miracles ne sont pas rares à Bagnères. Vous les gravirez vous aussi, ces pentes fleuries qui vous sollicitent vainement, belles dames que le spasme abat et rend si fâcheuses aux autres, et si insupportables à vousmêmes; vous les gravirez si vous avez foi dans les naïades de Salut, si vous vous plongez régulièrement dans leurs eaux, qui ne peuvent être que calmantes et réparatrices; car elles coulent et s'épanchent dans un des plus grâcieux vallons des Pyrénées, sous des ombrages pleins de fraîcheur et de silence.

Quoi qu'en aient pu dire le dénigrement et l'envie, Bagnères possède des richesses minérales qui offrent à la médecine de puissantes ressources dans un grand nombre d'affections aiguës ou chroniques. La vertu de ses eaux est proclamée par l'expérience de plusieurs siècles. L'antique renommée de ses sources ne peut manquer de s'accroître, lorsqu'elles seront appropriées et emménagées selon les prescriptions de la science moderne. Déjà l'administration municipale de Bagnères est entrée dans cette voie qui est celle du progrès, et aussi celle de la fortune. D'importans travaux s'exécutent dans le bâtiment des Thermes. Bientôt les baignoires de l'étage supérieur seront transportées au rez-de-chaussée. Les eaux qui descendent de la colline à laquelle les Thermes sont adossés, tomberont en douches d'une puissance telle que les effets en sont, en quelque sorte, incalculables. Outre les douches descendantes, l'établissement thermal sera pourvu de douches ascendantes, de douches écossaises, etc. Un vaporarium construit avec le plus grand soin, muni d'appareils d'invention nouvelle, offrira bientôt à la thérapeutique, pour

des affections souvent réputées incurables, des
ressources inouies, des agens d'une force et
d'une activité sans égales. Le malade entrera
dans ce cratère d'eau fumante, dans cet enfer
en ébullition, et, pénétré par tous les pores,
fondant en quelque sorte dans cette atmosphère
saturée de principes minéralisateurs, il en sor-
tira purifié, rajeuni, renouvelé. Des vitrages
établis sur divers points, intercepteront l'air
extérieur, et préviendront les accidens trop fré-
quents occasionnés aux malades par le passage
trop brusque d'une température brûlante à une
température humide ou froide.

Tel est l'ensemble des travaux qui sont actuel-
lement en cours d'exécution dans les Thermes
de Bagnères. Tout porte à croire que le système
des douches sera complet cette année. Ces améliorations, conseillées et dirigées par M. François,
ingénieur des mines, et inspecteur général des
établissemens thermaux de France, ne peuvent
manquer d'accroître la réputation si justement
acquise des eaux minérales de Bagnères. Elles
ramèneront dans son sein cette foule inconstante
de malades qui, prêtant une oreille trop crédule
à des allégations calomnieuses et intéressées,
s'imaginent que Bagnères n'est qu'une ville de

plaisir et de joie, et qu'on n'y guérit point, parce
qu'on s'y amuse. Etrange erreur, en vérité !
n'en déplaise à de malveillans détracteurs, le
plaisir fait aussi des cures, et il est compté pour
beaucoup dans la thérapeutique thermale. Allez
donc guérir du spleen, de cette triste maladie
de l'esprit qui pèse tant sur le corps, allez
guérir de l'hypocondrie, dans une gorge affreuse, étouffée entre deux murailles de rochers,
où le soleil de midi pénètre à peine, où les
brouillards descendent, froids et glacés, et vous
enveloppent d'un voile de tristesse et de deuil !
Pour chasser, pour dissiper ces fantômes, ces
hôtes ténébreux des âmes souffrantes ou mal
faites, il faut le soleil clair et brillant; il faut
une nature riante, variée, féconde, des horizons changeans et mobiles, qui reposent tantôt
l'œil, tantôt la pensée ; il faut du repos sans
abattement, de la joie sans délire, du mouvement sans tumulte.

C'est ce qu'on trouve à Bagnères dans ces
proportions équilibrées, dans cette juste mesure
que vante Horace, et qui est souvent tout le
bonheur et tout le charme de la vie. Douleurs du corps, peines de l'âme, souffrances de
l'imagination, tout se calme, tout s'apaise, tout

s'amortit au sein de cette nature paisible et
sereine; et si vous ne vous en retournez point
complètement guéri, vous emportez du moins
de ces lieux, où l'existence est si douce et si
facile, un souvenir qui vous enchante, et une
espérance qui vous ranime.

PROMENADES DE BAGNÈRES-DE-BIGORRE.

La Fontaine Ferrugineuse. — Salut.

BAGNÈRES, comme nous l'avons dit, est située
sur les limites de la plaine et de la montagne,
au pied des hauteurs boisées qui la dominent et
lui font comme un mobile rempart de verdure.
Aux flancs de ces collines, ombragées d'ormeaux,
de chênes et de hêtres, montent des allées si-
nueuses, qui se mêlent, se croisent dans tous
les sens, et forment le plus gracieux labyrinthe
que l'imagination puisse rêver. Quel que soit
le sentier où s'aventurent vos pas, soyez sans
inquiétude ; vous ne perdez point Bagnères de
vue ; elle est là sous vos pieds, faisant reluire au
soleil ses toits ardoisés, lançant dans les airs la

flèche de ses tours, et faisant monter jusqu'à vous la rumeur de ses rues et le bourdonnement de ses places publiques. Cependant si vous aimez la variété des sites et des aspects, si vous voulez, tour à tour enfoncer vos regards dans l'horizon indécis de la plaine, ou les heurter aux angles saillans et lumineux des montagnes, élevez-vous sur les rampes qui partent de la place même des Thermes; et partout où vous rencontrerez trois chemins, prenez celui du milieu; vous passerez sous des ombrages frais et solitaires, puis tout à coup, à un détour de l'allée, vous plongerez sur tout le bassin de Bagnères, vous laisserez errer votre vue sur cette plaine fleurie, coupée de canaux et de haies vives, et suivant tous les plis et toutes les ondulations du terrain, vous apercevrez au loin devant vous les murailles et les clochers de Tarbes, qui semblent fuir dans un horizon flottant et vaporeux. Puis, si, vous retournant tout à coup, vous regardez vers le midi, soudain le tableau change; ce n'est plus la plaine qui ondule et se déroule, c'est la montagne qui se dresse devant vous, ce sont les Pyrénées qui vous regardent. Cette immense brèche qui se dessine avec tant de netteté dans l'azur du ciel, qui domine avec tant

de fierté ce beau groupe de montagnes boisées,
c'est la Penne de Lhéris, comme disent les
montagnards; c'est cette féconde montagne que
Tournefort a le premier fait connaître, et où
chaque année le botaniste vient disputer aux
vaches qui séjournent tout l'été dans de gras
pâturages, les plus riches et les plus magnifiques fleurs des Pyrénées.

Par une belle soirée de juin ou de juillet, à
cette heure où les teintes sont plus chaudes, les
reflets plus vifs et plus dorés, ce tableau est
plein de grandeur et de sublimité; il charme,
il éblouit, il fascine. L'œil remonte de la vallée
qui s'emplit d'ombre, aux sommets qui nagent
dans des flots d'azur et de lumière. Il ne peut
se détacher de ces masses gigantesques; et pour
peu qu'on ait de poésie dans le cœur, on se
retourne plus d'une fois pour contempler, toujours avec un nouveau plaisir, cet ensemble
magique, où la vallée se lie à la montagne, où
la grâce s'unit à la majesté.

Vous avancez de quelques pas; un autre détour du chemin vous découvre encore la plaine,
sur laquelle le camp de César s'allonge comme
un promontoire de verdure. En face de vous, à
l'embouchure d'un ravin étroit, se présente un

bâtiment d'une architecture simple, couronné
d'un fronton; c'est la Fontaine Ferrugineuse,
où matin et soir une foule nombreuse se presse,
où la jeune fille pâle et flétrie vient boire l'espérance, la vie et la santé. Vous aussi, vous
voulez rendre hommage à la bienfaisante naïade,
et vous avalez un verre de cette eau amère et
réparatrice; c'est de rigueur. Enfin, si vous avez
un instant à perdre, vous lirez ces vers, écrits,
il y a déjà quelques années, par une belle soirée
d'août, dans une de ces heures de fantaisie et
de caprice, qui passent si rapides, mais si douces
et si pleines !

A l'heure où le soleil décline,
Teignant de sa pourpre divine
Les prés, les ondes et les bois,
A l'heure où vents, souffles, haleines,
Oiseaux voltigeant dans les plaines,
Tout prend des ailes ou des voix;

Aux flancs de la colline verte,
J'aime, discrètement ouverte,
Et se perdant sous les rameaux,
La sombre allée et les ombrages,
Où le murmure des feuillages
Se mêle au murmure des eaux.

J'aime, à travers feuilles et branches,
Ces beaux groupes de maisons blanches,
Et sur un fond d'azur vermeil,
Ainsi que de fières statues,
Les tours, qui montent revêtues
De leurs tuniques de soleil !

Mais j'aime surtout la fontaine,
Dont la naïade souterraine
Se dérobant à tous les yeux,
Fait suinter de la roche humide
Le fer qui s'échappe liquide
De son antre mystérieux.

Là, dans cette onde bienfaisante,
La jeune fille languissante
Retrouve l'aimable santé,
Et sur son front qui se colore,
Comme un bourgeon tout près d'éclore,
Refleurit sa jeune beauté !

Seul maître en ce charmant asile,
Au sein de ce bonheur tranquille,
Un vieux soldat des anciens camps
Nous conte ses luttes guerrières,
Alors qu'à toutes les frontières
La France allumait des volcans '

Il nous redit cette Vendée,

Qui repoussant la jeune idée
Se teignit du sang le plus pur :
Voyez ! on dirait qu'il s'apprête
A fusiller encor Charrette,
Debout, à l'angle d'un vieux mur !

Tandis que, l'œil rempli de flammes,
Il fait bouillonner dans nos âmes
Tous les souvenirs glorieux,
Une charmante fille d'Eve
A ses côtés sourit ou rêve ;
Enfant, montrez-nous donc vos yeux ?

La pudeur vous monte au visage ;
De la chasteté du langage
Un soldat s'inquiète peu ;
Mais si quelques mots hérétiques
Blessent vos oreilles pudiques,
Il en est absous devant Dieu !

Ainsi ne soyez pas sévère,
Quand le Dieu mort sur le Calvaire
Pardonne à ce cœur endurci ;
A d'autres laissant les beaux rôles,
Il ne pèche plus qu'en paroles ;
Plaignons ceux qui pèchent ainsi.

Je finis. La folle jeunesse
En mots brûlants peint son ivresse ;

Mais vous allez encor rougir ;
De grâce, un peu de tolérance ;
Laissez aux jeunes l'espérance,
Aux vieux laissez le souvenir !

Le vieux soldat ne monte guère plus à la Fon-
aine Ferrugineuse ; il a perdu les jambes, mais
ion la gaîté, et comme je ne sais plus quel vieux
naréchal tout dévasté par la guerre et le temps,
l peut dire, lui aussi : « Rien d'entier que le
œur ! »

Au lieu de suivre la rampe qui descend au
ord de la ville, je vous conseille de revenir sur
os pas, et de contempler encore les splendides
aysages qui vous ont ébloui ou charmé. A
'heure où le soleil va disparaître sous l'hori-
on, les montagnes de Lhéris se colorent de vifs
t ardens reflets qui dessinent jusqu'aux moin-
res arêtes, jusqu'aux plus légères saillies ; et
uis, le crépuscule est si doux, si solennel, si
nspirant, sous les grands chênes immobiles !

Si la nuit n'est pas encore tombée, si un
ernier rayon de soleil flotte encore égaré sur
es cimes lointaines, au lieu de descendre à la
lace des Thermes, détournez-vous à droite, à
uelques pas de l'établissement de Bellevue :

une allée d'abord ombragée, puis courant entre
deux haies vives, vous conduira par la base du
Bédat, jusqu'à la promenade de Salut, à l'endroit où les eaux du vallon traversent le chemin,
sous un pont voûté, appelé pont de la Moulette
ou du petit moulin. Salut est la promenade élégante de Bagnères. C'est une charmante oasis
pleine d'ombre et de fraîcheur, que dominent,
à droite, le plateau du Pouey, à gauche, les pentes cultivées du Bédat, et que borne au midi une
petite chaîne de montagnes, dont la plus haute
cime est le Mounné (mont neigeux). Rien n'égale
le calme et le repos de ce charmant asile, que
le génie des montagnes semble avoir créé dans
une heure de riante fantaisie et d'indulgent
caprice. L'allée qui conduit à l'établissement
des bains s'élève sur le flanc droit du vallon,
d'où l'œil se repose avec délices sur de grasses
et molles prairies, coupées de nombreux ruisseaux qui courent sous les herbes. Tous les
jours, de six à huit heures du soir, le dimanche
surtout, cette promenade a quelque chose de
féerique. Toute cette population confuse, bour-
donnante, hétérogène, que Bagnères renferme
dans son sein, se transporte sous ces ombrages
que balancent les premières brises du soir. Là,

dans ce Longchamps populaire et fashionable à
la fois, tous les rangs, tous les âges, tous les
costumes se mêlent et se confondent ; le rude
habitant des montagnes y heurte le dandy qui
s'étale ; la grisette y coudoie la grande dame, la
grisette, cette espiègle enfant, qui vous provoque
de son rire, qui vous pique de son regard ou de
sa langue, et dont le cœur est comme l'esprit,
sautillant et insaisissable. Hâtez-vous de tra-
verser cette foule qui vous entraîne dans son
courant, où vous n'êtes qu'une unité impercep-
tible et perdue ; et quand vous êtes arrivé devant
l'établissement des bains, au lieu de revenir sur
vos pas, prenez le sentier qui court sur l'autre
penchant du vallon, à travers de rians bosquets
de hêtres et de châtaigniers. Le jour baisse ; la
brise des montagnes se lève, elle jase dans les
feuilles et les branches, et coupe en cadences
vagues et indécises le murmure lointain des
ruisseaux et des fontaines. C'est l'heure où tout
se voile et s'idéalise. Regardez au delà du vallon ;
cette foule si vive, si bruyante, si animée, qui
naguère vous emportait dans son tourbillon, qui
vous fatiguait de son bruit et de son mouvement :
on dirait maintenant qu'elle glisse, comme une
procession d'ombres, sous un demi-jour fantas-

5.

tique, plein de mélancolie et de mystère. C'est
là un des charmes les plus doux de cette ravis-
sante promenade ; songer et rêver tout à son
aise, à deux pas des hommes rassemblés et
bruyans, n'est-ce pas une délicieuse chose?
Oh! vous reviendrez tous les soirs à Salut, si
vous avez besoin de vous souvenir ou d'espérer!

Le Mountaliouet. — Le Bédat. — Les Allées Dramatiques.

Depuis quelques années une étrange manie
s'est emparée de la plupart des auteurs qui ont
écrit sur les Pyrénées ; c'est celle de franciser les
noms patois. Ces badigeonneurs de mots, ces polis-
seurs de syllabes, ces euphonistes quand même,
ne se sont pas contentés de dénaturer et d'éner-
ver nos rudes vocables montagnards ; ils ont
fait pis encore, ils se sont permis de changer
des noms consacrés par le temps et la tradition :
ainsi à l'heure qu'il est, tous nos vallons sont
des élysées; c'est joli, mais c'est bête pour moi,

je conserverai la vieille orthographe pyrénéenne,
dût-elle écorcher les langues parisiennes et faire
saigner les oreilles puristes. Au lieu d'écrire
Mont-Olivet, mot doux et velouté, mais qui ne
signifie rien, j'écrirai Mountaliouet, comme écri-
vaient et prononçaient nos pères, qui avaient
eu probablement quelque raison de nommer
ainsi cette fraîche et riante colline dont nous
allons parcourir les grâcieux contours.

Déjà vous connaissez un peu le Mountaliouet;
vous l'avez traversé à mi-côte en vous rendant
à la Fontaine Ferrugineuse. Maintenant il s'agit
de s'élever sur ses flancs. Rien de plus facile.
A l'endroit où le chemin se trifurque pour la seconde fois, vous prenez l'allée supérieure, et, par
des pentes habilement ménagées, vous montez
sans fatigue jusqu'à un plateau circulaire, d'où
vous dominez le vallon de Salut et le mamelon
du Poucy. Vous continuez votre ascension, et,
après un quart d'heure de marche, vous attei-
gnez un second plateau : alors vous tournez à
gauche, et vous arrivez bientôt sur le versant
méridional de la colline. Arrêtez-vous un instant,
la chose en vaut la peine. Au nord, vos regards
planent par dessus le camp de César sur un
immense horizon ; c'est toute la plaine du Bi-

gorre, avec ses riches et nombreux villages, qui se déroule devant vous. Au midi, quel contraste! à votre gauche, c'est toujours Lhéris, mais Lhéris plus fier et plus menaçant; en face c'est l'Arbizon, ce rival du Pic du Midi, qui a ses racines dans la vallée d'Aure. Par dessus les cols d'Aspin et d'Ancizan, il regarde dans le bassin de l'Adour, en même temps qu'il semble surveiller l'Espagne, dont il commande les ports et les passages. Enfin, à votre droite, ce sont les molles pentes et les croupes arrondies des hauteurs qui dominent le val de Campan, cette fraîche Tempé tant de fois décrite et chantée, ondoyant tapis de verdure qui se déploie dans un espace de trois lieues, et qui finirait par ennuyer, si l'on pouvait s'ennuyer des ondes, de la fraîcheur et de la grâce champêtre !

En s'abaissant des montagnes vers la vallée, votre œil rencontre deux villages bâtis contre les collines de gauche; le premier, c'est Gerde, qui n'est guère connu que par les ramiers dont ses habitans pourvoient en automne les marchés de Bagnères; le second, c'est Asté, antique fief des Grammont, où l'on voit encore les débris d'un château féodal. Le temps a décou-

ronné de ses tours l'orgueilleux édifice; mais il
a respecté un tendre souvenir qui s'attache
encore à ses murailles en ruines. Asté fut la
demeure de cette aimable et sensible Corisandre
d'Andouin, à qui Henri IV, guerroyant dans
la Guienne et la Gascogne, écrivait des lettres
si spirituellement amoureuses, si chevaleres-
quement insouciantes, au débotté d'une expédi-
tion aventureuse, ou le soir d'une bataille
gagnée. Plus d'une fois, s'il faut en croire les
traditions locales, la poterne du vieux château
s'ouvrit devant le galant béarnais, et l'on vous
montre encore l'endroit où le roi de Navarre
avait coutume d'abreuver son cheval, et qui,
depuis cette époque, est connu dans le pays
sous le nom de *Laco dé Bourboun* (mare de
Bourbon.) Cette pauvre Corisandre tant aimée,
elle fut oubliée comme tant d'autres, et, comme
bien peu d'autres, elle mourut de cet oubli.
Le roi de France ne se souvint pas des sermens
d'amour du roi de Navarre; et tandis qu'il pro-
diguait à Gabrielle d'Estrées des protestations
d'inaltérable tendresse, la pauvre châtelaine des
Pyrénées s'éteignait dans son manoir solitaire,
toujours abusée, toujours confiante dans un
bonheur qui ne devait plus refleurir pour elle!

C'est ce sentiment mêlé de résignation naïve et
de crédule espérance, que je tâchai d'exprimer,
il y a bientôt vingt ans, dans une pièce de vers,
dont je retrouve à grand'peine quelques lam-
beaux dans ma mémoire. Quand l'esprit est si
oublieux, pourquoi le cœur le serait-il moins?
Voici ce fragment :

Pauvre femme! elle crut à ces mots pleins de charme,
A ces mots que devait payer plus d'une larme ;
Enchantée, elle y crut et de l'âme et du cœur,
Comme au premier plaisir, comme au premier bonheur!
Et lui, qui sait? peut-être il y croyait comme elle ;
Mais souvent malgré soi l'on devient infidèle ;
Et quand il la quitta pour la dernière fois,
La voyant à ses pieds étendue et sans voix,
   Pâle et de sanglots oppressée,
Dans un dernier baiser étouffant un soupir,
Il lui dit : A demain! — Et toujours abusée,
   Elle mourut dans la pensée
   Qu'il allait bientôt revenir !

Et l'on dit que depuis la blonde châtelaine,
Quand la lune descend des coteaux sur la plaine,
Vient visiter encor le vieux manoir chéri,
   Et demande à l'écho sonore,
   Qui seul s'en ressouvient encore,
   Le nom si doux de son Henri !

Singulière puissance de l'amour qui éclaire, adoucit et enchante les plus sombres choses, les demeures les plus funèbres ! Voilà un de ces repaires féodaux dont Dieu seul sait l'histoire. Qui pourrait dire tout ce qui s'est englouti là de vies humaines, tout ce qui a coulé de larmes et de sang sous ces voûtes muettes, tout ce que l'âme des martyrs a murmuré de plaintes, a grincé de malédictions, dans ces cachots, dans ces tombeaux anticipés, où les victimes tombaient vivantes pour n'en sortir jamais ! Eh bien ! le seul souvenir d'une femme qui a aimé et qui a souffert, a suffi pour laver tout ce passé de crimes et d'horreurs. Ah ! certes l'amour est un don céleste, puisqu'il peut faire oublier tant de lugubres, tant d'épouvantables scènes, puisqu'un seul de ses reflets peut effacer le sang qui a taché ces pierres ! Le nom de Corisandre est attaché à ces murs, comme celui de Laure aux rochers de Vaucluse ; mais Laure, chantée, célébrée, adorée par le plus harmonieux des poètes de l'harmonieuse Italie, a immortalisé des lieux que la nature avait faits pleins de charme et de grâce ; tandis que Corisandre, qui ne vit que dans la légende naïve et la tradition populaire, consacre et poétise des lieux désolés

et maudits ! Oui, même cette tour d'Ugolin, que
Dante a faite si sombre et si désespérée, elle se
dorerait, au milieu de sa nuit livide, d'un doux
et mélancolique rayon, si l'on savait qu'une
femme eût vécu dans cet antre, qu'un amour
eût fleuri dans cet enfer !

Nous voilà bien loin de notre route, bien loin
des montagnes, égaré dans cette histoire éternellement jeune, éternellement pure, de ce sentiment qui ne peut être que divin, puisqu'il n'a
qu'un même nom dans la langue des hommes
et dans la langue des anges, l'amour, toujours
l'amour, sur la terre comme dans le ciel ! Il est
temps de reprendre notre promenade pittoresque.
Aussi bien si vous êtes ému, si le souvenir de la
belle Corisandre vous rejette bien loin dans le
passé, vous pouvez rêver et poétiser tout à votre
aise. Vous glissez sur un chemin uni, que voile
une double rangée d'arbres ; vous n'apercevez
plus la ville, qui se dérobe de l'autre côté du
Mountaliouet, dont vous cotoyez en ce moment
le versant méridional, le long d'une plantation
naissante, où les arbres ne sont pas plus hauts
que les herbes du chemin. Patience; avant d'être
l'orgueil des forêts, le chêne est un gland. Au
bout de huit ou dix minutes, vous arrivez au

point où la colline se relie à la montagne. Là le Mountaliouet finit, là le Bédat commence. Un petit vallon, creusé en forme de berceau, plein de calme et de paix, s'enfonce entre les deux montagnes-sœurs. Tout est heureux et riant dans cette solitude, où les brebis en toute saison, même pendant l'hiver, tondent une herbe courte, mais savoureuse. C'est un charme de s'asseoir sur ce fin gazon, et là, sans souci, sans préoccupation, dans ce doux *nonchaloir* de l'esprit et du cœur, de laisser errer, sur un coin de la plaine que l'on découvre encore, des yeux distraits et une pensée incertaine et flottante. C'est dans ce coin, dans ce pli de terre, où le silence n'est interrompu que par le bruit des sauterelles et le chant criard des cigales, que l'on éprouve, sans trouble et sans fatigue, ce que j'appellerai la volupté de la solitude.

Après avoir traversé ce charmant vallon, le chemin saute sur les flancs du Bédat, qu'il parcourt à mi-côte. D'après de savans étymologistes, devant lesquels je m'incline en toute humilité d'esprit, le mot Bédat viendrait du latin *Vetare,* interdire, défendre. Changez le V en B, ce qui se fait assez fréquemment dans notre cher pays de Gascogne, et vous avez *Betare;* de *Betare* à

Bédat, il n'y a pas l'épaisseur d'un cheveu. Pour mon compte, j'accepte l'étymologie sans conteste et même sans réserve aucune. Ainsi, le Bédat aurait été anciennement ce qu'on appelle de nos jours, en termes de foresterie, un terrain vêté, une montagne interdite aux troupeaux. Cette étymologie, qui, toute plaisanterie mise de côté, n'est ni forcée ni invraisemblable, paraîtrait donner raison à ceux qui soutiennent que le Bédat était jadis couvert de chênes et de hêtres. Quoi qu'il en soit, il est à souhaiter que ces pentes nues et dévastées, qui attristent l'œil, se parent au plus vite d'un peu de verdure et d'ombrage. Pourquoi les belles plantations de châtaigniers que l'on admire au bas de la montagne, ne s'élèveraient-elles pas, d'étage en étage, jusqu'aux régions supérieures? C'est là sans doute un problème difficile à résoudre, nous en convenons; mais rien n'est impossible au zèle et à l'activité d'une administration intelligente et habile. De grâce que l'on songe un peu à ce pauvre Bédat, qui de jour en jour s'écroule et se décharne, et qui, si l'on ne se hâte d'y aviser, ne présentera bientôt à l'œil que le squelette d'une montagne. Dans une ville telle que Bagnères, tout doit être riant et fleuri; les nymphes modernes, comme les nymphes antiques, aiment les hautes herbes et les frais ombrages.

Dès les premiers pas que l'on fait sur les flancs du Bédat, on se sent triste et morne; pas d'horizon, presque pas de lumière. Mais à mesure que l'on avance, le paysage s'étend, s'éclaire, se diversifie. Au bas de la montagne, pour ainsi dire à vos pieds, l'œil se repose sur un délicieux domaine, enveloppé d'une ceinture d'arbres, et qui porte, je dois l'avouer, un nom bien prosaïque, un nom à faire grincer des dents tous les euphonistes du monde. Il s'appelle Métaou! oui, Métaou, ne vous en déplaise. Mais si le nom est affreux, le site est admirable. Ce mamelon si mollement arrondi, qui domine la ville, et qui à son tour est dominé par la colline et la montagne, a je ne sais quoi de riant et de reposé qui vous attire et vous retient. C'est le souhait d'Horace réalisé, *hoc erat in votis*. Rien n'y manque, ni l'air, ni le soleil, ni l'espace. La source d'eau vive y jaillit des flancs du rocher, et de gigantesques châtaigniers protègent la maison blanche et neuve contre les souffles glacés du nord, et *paulùm sylvæ super his foret*. Le favori d'Auguste aurait volontiers, je n'en doute pas, échangé contre ce domaine son heureuse

villa de Tibur, et peut-être même, par dessus le
marché, eût-il donné encore Lalagé ou Cynthie !

Après un quart d'heure ou vingt minutes de
marche, on arrive à un plateau qui regarde le
midi, au dessus et en dessous duquel se trouvent
d'assez profondes excavations. Ces grottes n'ont
rien de remarquable. Mais on s'arrête assez
long-temps sur ce promontoire, qui est sans
contredit le point le plus agréable de toute la
promenade. L'œil plonge d'un côté sur tout le
vallon de Salut, et sur sa verte allée, qui tantôt
se déroule, tantôt se replie, comme un serpent
au soleil; de l'autre, on embrasse tout le bassin
de Bagnères, couronné à l'orient par les fertiles
coteaux des Palomières. A partir de cet endroit,
la vue se rétrécit, et l'on ne tarde pas à tomber
dans un chemin creux, taillé dans le schiste,
et dont les pentes assez raides ralentissent votre
marche, sans toutefois vous essouffler. Mais
courage, vous allez être amplement dédommagé
de cette légère fatigue. Dans quelques minutes
vous aurez atteint ce col, aux pentes gazonnées,
qui unit si gracieusement le Bédat aux montagnes de Salut. Au bout de la montée, le chemin
s'élargit et forme comme un corridor de verdure.
Vous êtes à la croix de Manse. Maintenant, au

lieu de tourner à droite, élevez-vous sur cette
belle prairie naturelle que surmonte si pittores-
quement un piton calcaire, connu dans le pays
sous le nom de Tucou. Des rampes faciles et
couvertes d'herbe vous conduisent insensiblement jusqu'au tracé des Allées Dramatiques,
qui se dirige vers la gauche, tandis qu'un sentier moins large et moins uni monte vers la
droite. Que ce nom d'Allées Dramatiques n'é-
veille dans votre esprit aucune idée sinistre.
Les lieux que vous allez parcourir n'ont jamais
été le théâtre d'aucun événement tragique.
Jamais le sang de l'homme n'a rougi ces bruyè-
res. Alors que signifie un pareil nom, direz-
vous? — Mon Dieu, il signifie tout simplement
une bonne action. En deux mots voici l'histoire :
L'an dernier, une société de comédiens-amateurs
s'organisa dans la ville. Les recettes, destinées
d'avance aux pauvres, furent assez fructueuses.
Toutes dépenses payées, il restait en caisse
treize ou quatorze cents francs. Une idée ingé-
nieuse et vraiment philanthropique vint alors à
quelques personnes. Pourquoi, sur ce petit
trésor, ne prendrait-on pas cinq ou six cents
francs pour donner du travail, la seule aumône
qui ne dégrade point. aux pauvres valides, aux

ouvriers sans emploi ? Ainsi fut fait, et Bagnères
compte aujourd'hui une délicieuse promenade
de plus. Cette explication donnée, vous ne trou-
vez plus, n'est-ce pas, ni étrange ni ambitieux
ce nom d'Allées Dramatiques, qui tout d'abord
vous avait surpris, peut-être même un peu trou-
blé. Au besoin, la charmante allée saura se
faire absoudre toute seule.

Maintenant que vous êtes rassuré, arrêtez-
vous à l'entrée du chemin; le spectacle est admirable. Vous dominez tout le versant occidental
du Bédat, sur lequel les cultures et les prairies
montent presque jusqu'au sommet. A votre gauche s'élève le rocher de Castet-Mouly (les franciseurs écrivent Casque de Mouly), qui res-
semble de loin au fronton d'un édifice géant;
dans le lointain vous découvrez les riches coteaux de Labassère et de Pouzac, et au dessus
du premier de ces deux villages, une longue
pyramide rocheuse, que surmontait dans les
temps féodaux une tour d'observation, corres-
pondant à la fois avec Lourdes et Mauvezin, ces
deux clés du comté de Bigorre. Enfin, à vos
pieds, s'enfonce sous les hêtres et les frènes le
pastoral hameau de Cot-de-Ger, que les étrangers et même certains habitans de Bagnères ne

connaissent plus guère aujourd'hui que sous le nom d'Elysée-Cottin. C'est dans cette retraite, fermée à tous les bruits du monde, que l'auteur de Malvina (qui donc aujourd'hui lit Malvina?) aimait à rêver sous les calmes ombrages, au murmure des ruisseaux et des fontaines. C'est là que cette femme alors célèbre, aujourd'hui presqu'oubliée, a écrit, dit-on, quelques-uns de ces romans quintessenciés, qui après les sombres jours de la terreur, faisaient les délices des belles dames du Directoire. Que voulez-vous? après toutes les époques agitées et convulsives, on éprouve le besoin des tendres et affectueuses émotions du cœur; Virgile écrivait ses rêveuses bucoliques, le lendemain du jour où la société romaine venait de se baigner dans son propre sang, le lendemain des proscriptions! Les bourreaux eux-mêmes lisaient et payaient les vers du poète. Ainsi de Mme Cottin. Elle avait beau mettre le sentiment dans un alambic, cette alchimie amoureuse n'en avait pas moins son charme et son attrait, et Mathilde faisait répandre plus de larmes que Mme Roland, la fière héroïne, saluant d'un sourire l'échafaud libérateur! Aujourd'hui que reste-t-il de cette subtile métaphysique? Rien, pas même un parfum.

Mais ce qui reste, c'est le charme du lieu où Mme Cotin passait les heures brûlantes l'été. Rien n'égale la fraîcheur et la paix de ce vallon. Vu de l'entrée des Allées Dramatiques, il séduit et il enchante; de près il est peut-être un peu monotone; dans le bas surtout, on voudrait un peu plus d'air et de lumière. Quand on a longtemps contemplé ce tableau plein de diversités et de contrastes, on se décide enfin à descendre sur le revers oriental de la montagne. Ici le tableau change. La ville se cache derrière le Bédat; mais à mesure que l'on avance, elle se montre peu à peu, et enfin elle se découvre dans toute sa grâce. C'est de là surtout que Bagnères a besoin d'être vue. L'éloignement et la perspective lui prêtent je ne sais quoi de fantastique et d'aérien; on dirait qu'elle ne touche pas à la terre, elle semble flotter et se jouer dans un mirage. Quand l'œil se détache enfin de cette apparition lumineuse, quand il s'élève vers les montagnes, il rencontre encore la Penne de Lhéris, qui de ce point semble ouvrir une gigantesque porte dans le ciel. Sans doute c'est ici le même tableau que nous avons tant admiré du haut du Mountaliouet; mais les objets se présentent sous un jour différent; la plaine est

plus éloignée, et elle ondule avec plus de grâce
et de mollesse; les montagnes sont plus rappro-
chées, et elles dessinent leurs arêtes avec plus
de vigueur et d'énergie. Au reste à mesure que
vous descendez cette rampe si facile, si unie, si
élégante dans ses contours, des aspects inatten-
dus se présentent à chaque pas; Asté, dont les
toits ardoisés reluisent au soleil, à l'entrée de
la gorge de Lhéris, se montre et se dérobe tour
à tour. Tantôt votre vue s'étend et se déploie,
par dessus les coteaux, dans un horizon sans
limites, tantôt elle se heurte et se brise aux
angles de la montagne. Ici vous plongez sur le
vallon de Constance, frais et paisible comme un
nid de colombes, plus loin sur la place des bains
de Salut, agitée et bourdonnant comme une ru-
che d'abeilles. C'est surtout par une belle soirée
de juillet, à l'heure où l'ombre et le mystère
descendent dans les vallons, qu'il faut contempler ces splendides paysages. Un charme rêveur
s'empare de toutes vos facultés; vos yeux se
mouillent, l'extase vous enivre, et si Dieu vous
a mis une lyre dans le cœur, cette lyre s'éveille
et chante, et la strophe harmonieuse, déployant
son aile, s'élance de l'ombre dans la lumière,
de la vallée sur les cimes, des cimes dans les

sphères étincelantes, où il n'y a ni jour ni nuit,
ni doute ni mystère, mais où la vérité règne,
visible et immuable !

Bien souvent, promeneur solitaire et contem-
platif, j'ai ressenti ces ardentes émotions, sur
ces hauteurs, où viennent mourir tous les bruits
et toutes les colères des hommes. A ce titre, on
me pardonnera, je l'espère, ces quelques lignes
écrites sur cette belle montagne, dans une langue
qui est divine, même dans la bouche de ceux
qui ne font que la bégayer !

Déjà l'ombre descend dans le creux des vallées ;
Et les souffles du soir, à travers les feuillées,
Bercent les nids joyeux ;
La nature éveillant toutes ses harmonies,
Commence dans les airs pleins de voix infinies
Son chant mystérieux.

Les moissons que Dieu fait si blondes et si belles
Ondulent sous la brise, et, doucement rebelles,
Font jaser leurs épis ;
Et les fleurs, murmurant d'ineffables paroles,
S'inclinent, pour bercer dans leurs fraîches corolles
Les sylphes endormis.

Les ruisseaux transparents ont des teintes dorées ;
Les grands bois, à travers les plaines azurées,

Répandent leurs doux bruits ;
L'arbre jette dans l'eau sa silhouette brune,
Tandis qu'à l'orient, pâle et blanche, la lune
    Monte au front bleu des nuits.

Avant que le soleil, derrière les collines,
Dans les nuages teints de sa pourpre divine
    S'éteigne radieux,
Avant que les coteaux, ensevelis dans l'ombre,
S'effacent sous les plis de cette robe sombre
    Qui pend au bord des cieux ;

Admirez ! admirez ! tour, église, chaumière,
Tout nage dans les flots d'une ardente lumière.
    Rayon venu de Dieu ;
Puis, au loin confondant leurs caprices étranges
Les brouillards indécis pendent comme des franges
    A l'horizon en feu.

Maintenant, à travers les feuilles et les branches,
Regardez ; c'est la ville avec ses maisons blanches,
    Entre deux verts coteaux ;
Dans sa plaine fertile et des vents caressée,
Elle est comme un beau cygne, indolente et bercée
    Au murmure des eaux.

Durant les belles nuits, quand la lune est sereine,
La montagne répand sur la molle syrène
    Ses souffles embaumés ;

Et les hauts peupliers, agitant leurs ramures,
Lui jettent chaque soir ces doux et longs murmures,
       Qui nous disent : Aimez !

Oh ! dans ce coin de terre où tout rit, où tout chante,
Où le bonheur paisible, urne toujours penchante,
       Est prodigue d'amour,
Sous des cieux enchantés, dans ce nid de colombes,
Où Dieu mit nos berceaux — hélas ! bien près des tombes —
       Heureux qui voit le jour !

Heureux qui s'arrêtant sous ces calmes ombrages,
Loin du bruit, sans livrer sa vie aux grands orages,
       Qui fondent sur les mers,
Voit les hommes passer, chacun avec son rêve,
Tel que le vieux pêcheur qui, debout sur la grève,
       Sourit aux flots amers !

Maintenant, l'œil fixé sur ces doux paysages,
Répondez, ô mortels, qui vous croyez bien sages
       Et bien sûrs du bonheur !
Dites-moi si les buts que l'homme se propose,
Fortune, ambition, hélas ! bien peu de chose
       Pour l'âme et pour le cœur !

Dites-moi si les chants des grands jours de victoire,
Dites-moi si les cris de l'orageux prétoire,
       Si tout ce bruit humain,
Vaut un rayon du soir sur les hautes collines,

Un coucher de soleil, plein de choses divines,
      Une fleur du chemin?

Oh! les soirs du printemps ont des teintes si douces!
Les ondes, les épis, les bois, les prés, les mousses,
      Tout se dore : voyez!
Sous le feuillage obscur la lumière se joue,
Et l'arbre, obéissant à l'air qui le secoue,
      La répand à vos pieds!

L'heure est calme; écoutons. Comme une lyre immense,
Tout s'émeut, tout frissonne et l'hymne saint commence
      Sous le dôme éternel!
L'oiseau donne son chant, l'insecte son murmure,
Et d'ineffables chœurs, de ton sein, ô nature!
      S'élèvent dans le ciel!

Dans les tilleuls fleuris, dans les chênes superbes.
Les brises en soupirs, et les rayons en gerbes
      S'épanchent à la fois;
Mais Dieu dans toute chose a mis un grand mystère:
Qui nous dira, Seigneur! si l'ombre et la lumière
      N'ont pas aussi des voix?

Jadis des hauts palmiers diaprant la verdure,
L'aurore, en s'éveillant, tirait un long murmure
      Des lèvres de son fils;
Le temps a renversé les dieux et les symboles,
Et moi, je crois encore aux antiques paroles
      Des sages de Memphis!

Aujourd'hui, comme alors, la lumière éclatante,
Brille sous le ciel bleu, majestueuse tente,
    Pavillon radieux;
Aujourd'hui, comme alors, des bois et des collines
Elle tire ces chants et ces notes divines
    Qui montent vers les cieux;

Aujourd'hui, comme alors, des êtres et des mondes,
Triste rêveur qui passe entre deux nuits profondes,
    L'homme écoute les chants,
Et pour trouver un sens à ces hymnes sonores,
Contemple tour à tour les riantes aurores,
    Et les soleils couchants;

Aujourd'hui, comme alors, des questions humaines,
La pensée, à l'étroit dans ses obscurs domaines,
    Veut pénétrer le fond;
Aujourd'hui, comme alors, la nature invoquée
Se voile, énigme sombre et jamais expliquée,
    Et rien ne nous répond.

Qu'importe! aux bords des lacs, sur les monts, sur les grèves,
Asseyons-nous toujours, poètes aux longs rêves,
    Aux larges visions;
Et dans le sens de Dieu qu'obscurcissent nos doutes,
Commentons par l'esprit, qui les recueille toutes,
    Les voix par les rayons!

Groupes humains jetés, comme les chœurs antiques,

Dans un drame éternel plein d'échos sympathiques,
   Qui vibrent en tout lieu;
Poètes, expliquons dans la langue des âmes
Les soupirs, les parfums, les rayons et les flammes:
   Nous expliquerons Dieu !

Descendons de ces hauteurs philosophiques, et revenons à cette nature, qui, riante ou grandiose, paisible ou bouleversée, idylle fleurie ou drame sombre, a, seule, le privilége de nous émouvoir et de nous inspirer. Après avoir plané dans les champs illimités du rêve et de l'espace, retombons doucement sur le sentier d'où nous avons pris notre essor, et où nous retrouverons encore de charmans tableaux et de brillantes perspectives.

L'Allée Dramatique, après avoir contourné par le sommet les belles carrières, d'où Bagnères moderne est sortie, s'enfonce dans un vallon obscur, qui, de gradins en gradins, s'élève par des pentes fort raides jusqu'à la base même du Mounné, dont le sommet se dresse au loin sur votre tête : ici tout est silence et recueillement, ombre et mystère. Si, par intervalles, le sol ne retentissait du bruit des blocs que le levier détache des flancs de la montagne,

et que vous voyez rouler et bondir dans leur
chute, vous vous croiriez à mille lieues du
monde et des hommes. Mais vous ne tardez pas
à retrouver la lumière et l'espace, et, au bout
de huit ou dix minutes, vous tombez au plateau
du Pouey, que traverse une large et belle allée,
bordée de riches cultures, c'est l'Allée Maintenon. Le site est ravissant; néanmoins peu de
promeneurs gravissent cette colline. La veuve
de Scarron semble lui avoir porté malheur.
Cette femme, venue au déclin du grand siècle,
qui régna si long-temps à Versailles avec une
fastueuse modestie, qui remplit la cour et
l'armée de ses créatures, qui demandait aux
généraux non pas s'ils savaient vaincre, mais
s'ils voulaient lui obéir, cette reine sans couronne, cette prude sans vertu, cette dévote
sans religion, elle a été le mauvais génie de
Louis XIV et de la France! Pendant plus d'un
quart de siècle elle a glacé, stérilisé l'âme et le
cœur d'un grand peuple! Et comme si sa perni-
cieuse influence devait se prolonger après sa
mort, voilà que son nom seul attriste des lieux
que la nature avait faits riants et animés; allez
donc, après cela, dédier des promenades aux
favorites des princes!

EXCURSIONS.

—

Le Mounné.

Nous avons parcouru cette ceinture de promenades qui enveloppe Bagnères-de-Bigorre;
cependant il vous reste encore beaucoup à voir,
beaucoup à connaître dans les environs de la
ville, où les sites heureux sont aussi multipliés
que les sources fraîches et salutaires. Mais pour
trouver ces charmantes retraites, vous n'avez
pas besoin de guide; prenez sur la droite ou
sur la gauche des chemins fréquentés; laissez-
vous diriger par le caprice ou le hasard; il
faudra que vous soyez né sous une déplorable
étoile, si, au bout de quelques minutes, vous ne
rencontrez pas quelque vallon bien frais, bien
solitaire, ou quelque versant de colline ombragé

de châtaigniers ou de hêtres, où le soleil se joue à travers les branches, et d'où la vue se repose sur de molles prairies ou des champs couverts de riches cultures. Allez, aventurez-vous sans crainte dans ces vallons et sur ces coteaux; vous trouverez partout bon accueil et bon visage; et vous reviendrez tout heureux, je vous le certifie, des découvertes inattendues que vous aurez faites.

Maintenant il nous reste à vous diriger dans des excursions qui exigent plus de temps, sans exiger guère plus de fatigue. Nous commencerons par le Mounné, montagne inédite en quelque sorte, que les naturalistes seuls gravissaient, et qui, grâce à un facile chemin, tracé sur ses flancs avec autant d'habileté que de goût, sera visitée aujourd'hui par tous ceux qui aiment les larges tableaux et les immenses perspectives.

Le Mounné, nous l'avons déjà dit, est la plus haute sommité des montagnes de Salut. De Bagnères, on l'aperçoit à peine; il fuit et semble vouloir se dérober aux regards. Mais vu du côté du midi, de la vallée de Campan, surtout des hauteurs qui dominent Saint-Paul, il se dresse et plane fièrement sur les montagnes voisines.

La voie la plus courte pour atteindre à la cime du Mounné est sans contredit le ravin qui vient aboutir aux Allées Dramatiques, au dessus des carrières. Mais il est rude et difficile en quelques endroits. Il vaut bien mieux prendre le chemin qui part de l'allée de Salut, à droite du deuxième pont, et s'élève sur le versant méridional du Bédat. Une fois qu'on est parvenu au point où commencent les Allées Dramatiques, on se dirige par un sentier passable, vers une roche nue et dévastée qui semble menacer vos têtes. Après de nombreux détours, on passe sous la formidable pyramide, dont on peut aisément atteindre le faîte. A partir de ce point, le sentier se déploie sur les crêtes, contourne les pitons, et semble se jouer à travers ces capricieuses dentelures de rochers, qui de loin sont d'un effet si pittoresque. La vue dont on jouit sur ces hauteurs est magnifique. C'est le même tableau que celui qui se découvre des Allées Dramatiques, mais plus large, plus coloré, plus étincelant. Vous plongez au loin vers le nord sur tout le Bigorre, par dessus le Bédat, qui semble s'humilier et s'aplatir devant vous. Si, las de regarder la plaine et ses bleus et vagues horizons, vous abaissez votre œil sur la gorge qui s'enfonce à

votre droite, vous reculez d'abord saisi d'un
involontaire effroi; le sol semble prêt à se dérober sous vos pas, et vous craignez l'irrésistible
aspiration de l'abîme. Il faut cependant se fa-
miliariser avec les scènes de la montagne; ceci
n'est rien en comparaison des horreurs qui vous
attendent au cœur de la chaîne, sur les glaciers
du Vignemale ou de la Brèche de Roland.
Regardez donc dans ce gouffre; admirez cette
montagne qui s'écroule, ces pentes arides et
dévastées, ces ravins qui servent de lit à des
avalanches de pierres, et au fond de cet entonnoir lugubre, ce torrent qui blanchit, écume,
s'irrite, et jette en ces lieux désolés je ne sais
quelle plainte sombre et caverneuse. C'est là
une véritable gorge, si serrée, si étouffée entre les
blocs qui la dominent, que le torrent lui-même
peut à peine s'y frayer un passage. Cependant
à mesure qu'on avance, le ravin s'élargit de plus
en plus, les pentes deviennent moins abruptes,
et quelques rares touffes de noisetiers et de hêtres
rabougris se montrent de temps à autre dans les
crevasses des rochers. Mais cette maigre végé-
tation est peut-être encore plus triste que la
roche nue et stérile; et quand on a quelque
temps promené sa vue sur ces mornes solitudes,

on éprouve le besoin de contempler une nature moins âpre et moins bouleversée.

Après avoir cheminé sur les crètes, on double un dernier piton, et l'on descend sur le versant occidental de la montagne. On ne tarde pas à rencontrer un col verdoyant, qui forme une gracieuse demi-lune, et qui est dominé à gauche par un sommet escarpé, à droite par le Mounné lui-même. On prend alors un sentier qui ondule capricieusement sur une verte pelouse, et se dirige vers l'orient, à travers un taillis de hêtres qui malheureusement s'éclaircit chaque jour sous la cognée des bûcherons. Ce sentier, où le pied se délasse, d'où l'œil descend jusqu'à la vallée de l'Adour, a une origine tout aussi respectable que celle des Allées Dramatiques, dont on aperçoit les dernières courbes, au loin, presqu'à la base de la montagne. Il est né, lui aussi, d'une pensée de bienfaisance. La moitié du produit d'une loterie au bénéfice des pauvres a été consacrée à ce travail, auquel l'autorité municipale s'est associée avec un empressement et un bon vouloir au dessus de tout éloge. Grâces à cette heureuse inspiration, grâces à ce concours d'une administration éclairée, Bagnères possède aujourd'hui une promenade d'un accès facile, qui vous conduit doucement et sans fatigue sur un des plus beaux observatoires des Pyrénées. En effet le Mounné, quoiqu'il ne soit pas élevé de plus de mille mètres au dessus du niveau de la mer, est à la première chaîne, où le Pic du Midi règne sans rival, ce que celui-ci est à la seconde chaîne, à cette prodigieuse barrière qui s'élève entre la France et l'Espagne, et que surmontent si majestueusement le Vignemale, le Marboré et le Mont-Perdu. Du haut du Mounné, où l'on parvient après avoir suivi tous les contours du sentier en écharpe qui lui ceint les flancs, la vue est magnifique, éblouissante. C'est comme un monde nouveau qui surgit et se révèle. En face de vous se déploient toutes les hauteurs, toutes les montagnes, tous les pics qui couronnent la vallée de Lesponne, tout aussi fraîche et bien plus pittoresque, à mon avis, que celle de Campan. Sur tout cet ensemble de crêtes et de sommets superposés, entassés, accumulés, apparaît, découvrant toutes ses crevasses et tous ses glaciers, le cône gigantesque de ce Pic du Midi qui écrase toutes les autres cimes de sa majesté, et les efface, en quelque sorte, en les couvrant de son ombre. Il est là, comme l'image de la grandeur immobile, de la force éternelle !

Quand on a long-temps contemplé le géant, quand on s'est bien ébloui de ses neiges et de ses glaciers, on laisse tomber ses regards sur des spectacles moins sublimes, mais tout aussi attachans. On remonte de l'œil toutes ces gorges qui descendent des montagnes avec des torrens blancs d'écume, que tapissent de noires et silencieuses forêts de sapins, où les pasteurs de la vallée conduisent les vaches dans de gras pâturages. Ici c'est le ravin de Peyralade (pierre lavée), au sommet duquel un lac d'une eau limpide et verte réfléchit comme dans un miroir, un admirable cercle de montagnes, taillées, dentelées, sculptées, et qui affectent les formes les plus bizarres et les plus capricieuses; là c'est le vallon du Lhécou, couronné par les hautes tours de Bizourtère, et qui se termine par une immense muraille de rochers d'un gris changeant. C'est là, sur ces sommets qui semblent inabordables, que se cache, que se dérobe cette merveille des Pyrénées, ce lac du Lhcou, ce lac Bleu, qui n'a pas volé son nom, je vous jure; car on dirait de loin, quand aucun vent ne ride sa surface, un fragment de l'azur céleste tombé sur la terre. Oh! cette fois, mais cette fois seulement, les euphonistes ont eu raison!

Tous ces tableaux, qui vous charment, qui vous captivent, qui vous enchaînent, ils sont à deux pas de vous ; vous les touchez, pour ainsi dire, de la main. Mais vous n'êtes pas encore à bout d'étonnemens et d'admirations. Détachez votre vue de ces rochers et de ces forêts, et regardez au loin, un peu sur la gauche ; quel grandiose spectacle, quelle admirable scène ! toute la première chaîne se déploie devant vous depuis le pic du Mont-Aigu (selon les euphonistes) jusqu'au sommet de Clarabide, dans la vallée du Louron, dix lieues de montagnes dans un regard ! La seconde chaîne elle-même se découvre en partie ; et, comme si elle voulait vous frapper d'éblouissement et d'épouvante, elle se révèle par la plus formidable, la plus inaccessible de ses montagnes, par cette Maladetta, qui vous envoie les reflets de ses neiges, de cette mer de glaces, que nul pied humain n'a peut-être encore traversée jusqu'à ce jour !

Plus bas sont les forêts, les pâturages, les prairies des vallées d'Aure et de Louron, et tous ces cols boisés qui dominent le charmant bassin de Paillole, où, suivant une vieille tradition populaire, les légions romaines firent essuyer une sanglante défaite aux peuplades du Bigorre. Mais c'est en vain que ce côté riant du tableau vous sollicite, votre pensée est ailleurs. Vous êtes semblable à ces voyageurs qui parcourent les environs de Naples ; une fois qu'ils ont vu le Vésuve, ils le cherchent et le retrouvent sans cesse. Abrités sous les ombrages du Pausilippe, assis sur le tombeau de Virgile, bercés sur les flots d'Ischia, du haut des caps, du fond des vallées, du sein des mers, partout et toujours ils découvrent

> Au loin le noir géant qui fume à l'horizon !

Ici, c'est la Maladetta qui vous éblouit et vous fascine ; et il n'est pas sûr que le fantôme de la sombre montagne ne se lève pas devant vous dans vos rêves nocturnes !

Si cependant vous pouvez rompre le charme, tournez-vous vers le nord ; là tout est confus et flottant. Par dessus les montagnes qui s'abaissent, par dessus les collines qui s'effacent, par dessus les coteaux qui disparaissent, vous voyez les lignes succéder aux lignes, les horizons aux horizons, jusqu'à ce que tout se confonde et s'évanouisse dans les vapeurs et dans les brouillards ; un peu plus de fumée qui s'élève au fond d'une plaine, au sommet d'un coteau, indique une cité; ô néant de l'homme ! ô vanité de ses desseins et de ses œuvres !

Mais il est temps de s'arracher à ces magiques spectacles. Un sentier charmant se présente devant vous ; il conduit par des pentes aisées jusqu'au plateau d'Esquiou. Là plusieurs chemins s'offrent pour le retour. Si vous aimez la nature aimable et fleurie, prenez à gauche et descendez, par le frais vallon de Serris, au village de Baudéan, situé sur la grande route qui traverse la vallée de Campan, à quatre kilomètres seulement de Bagnères. Si au contraire vous préférez les verts ombrages d'une pastorale retraite, doublez la montagne de Castet-Mouly, que vous avez à votre droite, et revenez par Sarramia, cette fraîche Arcadie, et par le vallon de la Gailleste qui la continue, pour ainsi dire, jusqu'aux portes de la ville. Quel que soit celui des deux chemins que vous adoptiez, vous n'aurez qu'à vous féliciter de votre choix; des deux côtés, vous rencontrerez des sentiers unis et faciles, des sources limpides et murmurantes, de nombreuses et rustiques maisons épanouies au soleil; et durant tout le trajet, vous pourrez tout à votre aise songer à toutes les merveilles qui se sont déployées devant vous, à toutes les splendeurs qui vous ont ébloui ; et, si vous êtes artiste ou poète, si les grandes scènes de la nature vous émeuvent et vous subjuguent, vous ferez vœu de revenir au Mounné, sur cet admirable obser- vatoire, d'où l'on voit si loin sur la terre, et si haut dans le ciel !

Rimoula. — Aïgos-Rouyos. — Houm-Blanquo.

Je n'ai pas le dessein de me faire votre cicerone pour toutes vos excursions autour de Bagnères. Ainsi je ne vous conduirai ni à Lhéris, ni au Pic du Midi, ni au Lac Bleu. Est-ce à dire que ces montagnes soient indignes de notre curiosité ? Dieu me préserve d'un pareil blasphême, qui serait un véritable crime de lèse-majesté pyré- néenne. Mais Lhéris, parcouru en tous les sens par les artistes, exploré par les savans jusques dans ses moindres crevasses, Lhéris est pres- qu'aussi connu que la butte Montmartre ou la montagne Sainte-Geneviève. Le Pic du Midi est la plus majestueuse montagne de toute la chaîne,

la plus fière, la plus vigoureusement dessinée,
d'accord. Mais qu'en dire après Ramond, après
cet éloquent historien des Pyrénées, dont le style
prismatique reproduit toutes les couleurs et toutes les teintes du ciel, et jusqu'aux plus capricieuses, aux plus fugitives nuances de l'aile d'un
papillon? Quant au Lac Bleu, depuis trois ou
quatre ans, depuis qu'un sentier facile conduit
jusqu'au bord de ses eaux limpides, il semble
avoir épuisé toutes les formules de l'étonnement
et de l'admiration, tous les Oh! tous les Ah!
tous les Grand Dieu! dont notre chère langue
française se montre si prodigue, surtout dans
les drames ou les romans modernes. Un Oh!
ou un Ah! de plus n'ajouterait rien à la bleue
transparence de ces ondes, à la fière architecture des rochers qui les bordent, à la majesté
des montagnes qui viennent s'y mirer. J'aurais
beau tremper mon style d'azur et de lumière,
beau vous représenter cet admirable réservoir
pyrénéen, suspendu à mille toises au dessus du
niveau de la mer, étincelant et miroitant,

Si calme qu'à ses bords doucement on oublie
Les sombres ouragans qui fatiguent la vie,
Qu'aux rayons du soleil, dans son bassin dormant.
On le verrait trembler au souffle d'un enfant!

J'aurais beau appeler la poésie au secours de
la prose, beau décrire, peindre, colorer, illu-
miner, je ne parviendrais jamais à rendre la
millième partie de ce qu'il y a de grandeur
austère, de paix profonde, de majesté sauvage,
dans ce tableau, un des plus saisissans qui
puissent s'offrir aux regards de l'homme ! Oui,
allez à Lhéris, allez au Pic du Midi, allez au
Lac Bleu ; ne vous embarrassez que d'un bon
guide et surtout d'un bon cheval; et quand vous
serez là, face à face avec cette admirable nature,
perdu, vous chétif, dans ces chaos de merveilles,
vous me saurez gré de vous avoir fait grâce de
mon enthousiasme et surtout de mes excla-
mations.

Vous me saurez gré aussi, je n'en doute pas,
de vous avoir conduit dans des lieux que n'a
encore illustrés aucune description, au dessus
d'une de ces vallées timides et mystérieuses que
l'on oublie, que l'on dédaigne dans les guides
et dans les itinéraires, et qui n'en sont pas
moins pleines de fraîcheur, de silence et de
mystère. Je veux parler de cet étroit vallon de
Rimoula, qui se cache derrière ses grands rideaux de hêtres, et qui vient déboucher dans la
vallée de Campan, à deux kilomètres du village

de Sainte-Marie. Mais procédons avec ordre, et
n'anticipons pas sur notre odyssée.

Par une belle matinée de juillet, trois piétons
s'avançaient d'un pas leste et dégagé sur la route
de Campan. La blouse du touriste flottait sur
leurs épaules, le feutre gris protégeait leur tête,
et tous trois s'appuyaient sur ces longs bâtons
de chêne qui sont, pour les montagnards et les
touristes, comme une autre jambe ajoutée à
celles dont la nature les a gratifiés. L'un d'eux
portait, bouclé sur les épaules, un sac militaire,
et pourquoi ne pas le dire? un sac blanc, un
sac de tambour. Ne vous en déplaise, c'était
moi qui portais, non pas le bagage, mais le déjeûner de la troupe. Maintenant que l'incognito
n'existe plus pour votre serviteur, il y aurait
mauvaise grâce à le maintenir pour mes deux
compagnons de voyage. Le premier, celui dont
la barbe et les cheveux commencent à grisonner,
celui qui s'avance d'un pas ferme encore et
décidé, c'est un habile et aimable docteur qui
consacre à des courses pédestres ou équestres
tout le temps qu'il ne donne pas à ses malades,
infatigable chercheur qui aime la montagne autant pour ce qu'elle montre que pour ce qu'elle

cache. Le second, ce gaillard si carrément char-
penté, qui tend le jarret avec tant d'aisance,
vous ne le diriez jamais, eh bien, c'est un
épicurien, un épicurien sur la montagne. En-
tendons-nous cependant. N'allez pas croire que
notre homme recule devant les pentes escarpées
et les pas difficiles, pas le moins du monde.
Quand il le faut, quand la nécessité le commande, il n'hésite jamais, il prend son parti en
ferme et intrépide montagnard ; il s'accroche
aux pointes des rocs, il s'aventure sur les glaciers
perpendiculaires, il saute par dessus les abîmes.
Mais s'agit-il de faire une halte, s'agit-il surtout de déjeûner? le montagnard disparaît, le
sybarite vous reste. Il va, vient, cherche de
côté et d'autre l'endroit le plus favorable, la
source la plus claire, le gazon le plus moëlleux,
en un mot une oasis, qui ne soit ni trop exposée
aux brises, ni trop brûlée du soleil. Il n'est pas
indifférent non plus sur le paysage; il aime, en
savourant une aile de poulet, à promener ses
regards sur de belles prairies, ou à les fixer sur
des pics étincelans de neige et de lumière. La
nature lui paraît alors mille fois plus splendide :
il y découvre à tout moment de nouveaux charmes et de nouvelles beautés. Mais pour qu'il

puisse donner un libre cours à son appétit et à
son admiration, il faut que tout aille à souhait,
que pas un nuage ne se forme dans l'air, ou
bien vous êtes sûr qu'il va s'en former dans son
esprit; que l'eau soit fraîche sans être glacée,
l'herbe molle sans être humide. Il est bien entendu aussi que les mets doivent être succulens
et bien préparés, les vins généreux et récon-
fortans. C'est une condition *sinè quâ non.* Si
rien ne cloche, si rien ne le dérange, si tout
s'accommode selon ses vœux et ses désirs, notre
homme est le plus aimable des touristes; un
rayonnement l'environne et lui fait comme une
auréole sur le front; une béatitude sereine se
répand sur tous les traits de son visage; son
œil devient humide, sa voix caressante, presque
mélodieuse; en un mot, il est heureux. Vous
connaissez maintenant mes deux compagnons de
voyage. Il est temps de reprendre notre course.

Je vous fais grâce du trajet de Bagnères au
Pont de Rimoula. La grande route a beau être
bordée de peupliers d'Italie, traversée de ruisseaux limpides, couronnée de bosquets de hêtres, elle a beau étaler à vos yeux des groupes
de maisons blanches, quoi qu'elle fasse, de
quelque charme qu'elle se pare, elle est toujours

la grand'route, c'est-à-dire un long ruban de
poussière, qui s'allonge sans cesse, et où le
temps, ou plutôt l'ennui, se mesure par kilomètres. Il y en a dix de Bagnères à l'entrée du
vallon. Nous mîmes deux heures à les parcourir, en comptant les haltes. Arrivés au pont qui
traverse la route et sous lequel passe un torrent
plein d'écume et de bruit, nous prîmes un chemin assez large et passablement uni, qui longe
la rive droite du courant, et s'élève, en passant
sous des ombrages frais et touffus. Nous dûmes
tout d'abord songer à nous procurer un guide.
Après des recherches infructueuses, nous trouvâmes enfin un jeune homme de vingt à vingt-
deux ans, vigoureux et bien découplé, qui nous
dit connaître parfaitement les lieux que nous
voulions visiter. En deux mots le marché fut
conclu ; en deux minutes le brave montagnard
fut équipé, et nous voilà cheminant d'un pas
mesuré sur les talons de notre guide, avec lequel nous fûmes bientôt dans les meilleurs
termes.

Louis Bérot-Cachalet est un garçon d'une
figure ouverte, d'une vigueur à toute épreuve,
d'une humeur toujours égale, qui connaît fort
bien les noms des pâturages et des montagnes.

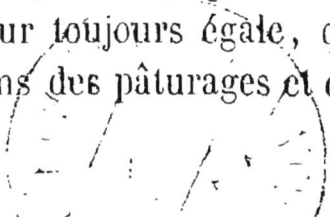

S'il vous prend fantaisie de faire une excursion dans cette partie de la vallée de Campan, nous vous recommandons cet excellent jeune homme, qui demeure presqu'à l'entrée du vallon, dans le quartier de l'Agala.

Après avoir suivi pendant quelques minutes le chemin qui se dirige vers le fond de la vallée, notre guide nous fit tourner brusquement à gauche, pour prendre un sentier rapide qui montait en zig-zag à travers des prairies non encore fauchées, où nous rencontrions à chaque pas de clairs et limpides ruisseaux courant sous les herbes. Nous cheminions à l'ombre, sur des pentes veloutées, où les plus jolies fleurs de la montagne s'épanouissaient sous nos yeux dans toute leur grâce et dans toute leur fraîcheur virginale; des gouttes de rosée brillaient dans leurs calices entr'ouverts, et de petits insectes dorés se jouaient dans leurs pétales. Cependant nous nous élevions insensiblement, et la vallée se déployait tout entière devant nous. Au bout d'une demi-heure d'ascension, nous eûmes dépassé les dernières granges, et nous nous trouvâmes sur une fine et chatoyante pelouse, dans un endroit nommé (euphonistes, voilez-vous la face) *Pé-déts-Goutils*. De ce point, la vue est admi-

rable. Nous découvrions devant nous le *Peyras,*
situé sur la rive gauche du torrent, et sur lequel
s'étagent de nombreuses habitations, protégées
contre les vents et les neiges par d'impénétrables bosquets de hêtres. A nos pieds, sur la rive
droite, s'étendait Rimoula, dont nous aperce-
vions, à travers les branches des arbres, les
maisons blanches et les moulins pittoresques.
Mais lorsque nous nous tournions vers le but de
notre voyage, c'était un tout autre spectacle.
Un magnifique amphithéâtre de montagnes se
dressait devant nous; au premier plan c'était
Balloungue et ses crêtes dentelées, Balloungue
faisant reluire au soleil levant ses neiges et ses
glaciers; derrière, apparaissait un sommet solitaire, qui semblait regarder avec dédain par
dessus la montagne vassale; c'était le Pic du
Midi, qui ne se laisse jamais amoindrir, qui se
montre aux débouchés de toutes les vallées,
dans sa fière et calme attitude de montagne
souveraine et dominatrice. Ce groupe de pics
escarpés forme un splendide cadre à cette vallée
solitaire et voilée, qui, sans ce magnifique fond
de tableau, lasserait peut-être par la monotonie
de ses beautés pastorales.

Nous nous arrêtions souvent pour contempler

tour à tour le versant ombragé du Peyras et les
saillies lumineuses de Balloungue. Mais il faut
bien l'avouer : ce n'était pas l'admiration seule
qui motivait ces haltes. Les pentes gazonnées
que nous gravissions étaient en certains endroits
fort inclinées, et de temps à autre nous éprou-
vions le besoin de respirer et de reprendre
haleine. Le docteur confessait ingénuement que
le grand soufflet intérieur fonctionnait dans sa
poitrine avec trop de force et d'impétuosité, et
il en attribuait les bonds impétueux et déréglés
au besoin d'alimens, qui se faisait sentir chez
lui depuis le commencement de l'ascension.
Ce besoin nous parut trop légitime pour ne pas
lui donner une satisfaction immédiate. Nous
touchions aux *Goutils*, après avoir traversé les
Soubiras, Pla-d'Eros-Lagnos, Saoutadero, et
autres lieux dont les noms seraient capables de
faire tomber en épilepsie tous les franciseurs et
tous les euphonistes du monde. Nous trouvâmes
dans cet endroit une source excellente dont
nous bûmes avec volupté. Le docteur cassa une
croute, comme on dit, et se ragaillardit le cœur
avec une goutte d'eau de vie. A partir de ce
moment, il retrouva, comme par enchantement,
son estomac, ses jambes et sa gaîté. A quoi

tiennent cependant l'estomac, les jambes et la
gaîté d'un homme !

Après cette halte, qui se prolongea tout au
plus huit ou dix minutes, nous nous remîmes en
marche, et nous ne tardâmes pas à découvrir
une roche verticale qui se dressait devant nous
comme un immense fronton. Le sentier que
nous suivions cotoyait la base même du rocher.
Quand nous fûmes arrivés au pied de l'énorme
masse granitique, nous fûmes frappés d'un
spectacle singulier. A vingt mètres au moins
d'élévation au dessus de nos têtes, de longues et
étroites fissures donnaient passage à des sources
d'un volume considérable, qui glissaient le long
des parois du roc qu'elles ont usé, et venaient
se jouer à nos pieds en clairs et limpides ruisseaux. Cette roche est connue dans le pays sous
le nom de *Péna-Pich.* Je ne vous traduirai pas
ces deux mots ; car, il faut bien en convenir, si
le patois ne brave pas l'honnêteté, comme le
latin, on peut lui reprocher certaines expressions
un peu crues ou d'un pittoresque trop naïf. Et
puis, si je me permettais une pareille traduction,
les euphonistes, les puristes, gens délicats et
attiques s'il en fut, ne manqueraient pas de
crier au scandale, à l'immoralité, à la déprava-

tion; leurs clameurs soulèveraient contre moi une bande de prudes et de bas-bleus, véritables ménades pyrénéennes qui me poursuivraient partout de leur colère et de leurs malédictions, et tout cela, pour la traduction littérale de deux mots patois !

Si cependant vous tenez à connaître la signification de Péna-Pich, adressez-vous à quelque pâtre de la vallée, qui n'y mettra point tant de façons. Je serais cynique ; il ne sera que naïf.

Nous allions bientôt quitter le versant nord de la vallée. Après avoir doublé une suite de mamelons et de promontoires, nous descendîmes par des pentes très raides dans le ravin où bondit et écume le torrent alimenté par le lac de Balloungue. Nous le traversâmes sur un glacier qui le barrait dans toute sa largeur, et qui formait un pont naturel, si ferme et si solide qu'il aurait pu soutenir le poids d'une pièce d'artillerie de campagne. Après avoir gravi quelque temps de l'autre côté du ravin, nous rencontrâmes un sentier assez large, qui coupait transversalement la montagne, et qui nous conduisit enfin, par des pentes fort douces, jusqu'au vallon d'*Aïgos-Rouyos* (eaux rouges), au milieu duquel se trouve le lac du même nom. Ce lac, qui n'est,

proprement parler, qu'un réservoir naturel
empli par les eaux d'un torrent descendu des
hauteurs voisines, ne présente rien de remarquable. Les bords en sont plats et marécageux;
e jonc et d'autres plantes aquatiques se montrent
ur toute sa surface. Quant à la couleur des
aux, elle ne diffère en rien de celles des autres
acs; et je dois en conscience déclarer que je
'y ai pas aperçu la moindre teinte rougeâtre.
Cependant un de mes amis, M. Philippe, sa-
ant et infatigable naturaliste, qui connaît les
Pyrénées mieux qu'un parisien ne connaît le
oulevart de Gand ou la chaussée d'Antin, m'a
lusieurs fois assuré qu'un large ruisseau fer-
ugineux venait se déverser, du côté de Bal-
oungue, dans le torrent dont les eaux forment
e lac. Un pareil témoignage lève toutes les
ncertitudes, et nul n'a plus le droit de contester
u vallon d'Aïgos-Rouyos la légitimité de son
om, certifiée par un homme aussi compétent
t aussi véridique.

Il était près de midi; le soleil tombait d'aplomb
ur nos têtes. Nous marchions depuis plus de six
eures, et nos estomacs épuisés nous criaient
u'il était temps de s'arrêter. Notre sybarite,
près avoir longtemps erré de côté et d'autre,

finit par trouver, derrière des cabanes de pasteurs, une fine pelouse sur laquelle nous nous assîmes avec bonheur. Nos provisions furent bientôt étalées sur le gazon, et nos bouteilles mises aux frais dans le ruisseau voisin. Le classique saucisson fut trouvé délicieux; une délicate fricassée de poulets obtint tous les suffrages, et le maître-queux bagnérais recueillit des louanges à rendre jaloux l'immortel Carême. Les vins ne furent pas moins bien appréciés; une certaine bouteille de Bordeaux attira surtout l'attention du docteur, qui ne tarissait pas sur son compte. Malheureusement il n'en fut pas de même de la bienheureuse liqueur; deux ou trois libations en l'honneur des nymphes du lieu suffirent pour l'épuiser.

Notre repas terminé, nous allumâmes des cigares, et mollement étendus sur le gazon, enveloppés d'une atmosphère de fumée qui s'élevait lentement, capricieusement sur nos têtes, graves et muets comme des hommes qui digèrent, nous nous mîmes à contempler la sublime scène qui se déployait devant nous. Jamais je n'ai mieux senti, mieux compris, mieux savouré le calme de la solitude. L'azur profond et bleu s'arrondissait sur nous comme un dôme; nul bruit

dans l'espace, nulle agitation dans l'air, nulle
pensée inquiète dans nos cœurs; partout l'impo-
sante immobilité des choses éternelles. Le lac
miroitait à nos pieds, et à peine ridé par la
brise, il nous renvoyait de vifs scintillements;
de grandes plaques de neige, semées comme
des îles sur les flancs des montagnes et dans le
creux des vallons, rayonnaient, étincelaient au
soleil, et nous éblouissaient de leurs ardens
reflets. De temps à autre, un mugissement lointain s'élevait du fond des pâturages, le cri
d'un pâtre nous arrivait des cimes; le torrent
fouetté par un souffle plus impétueux nous en-
voyait comme une bouffée de bruit. Puis, voix
et murmures, tout s'éteignait; la montagne
rentrait dans son repos majestueux, et un austère
et solennel silence s'étendait au loin sur l'immense solitude.

On resterait des journées entières, sans volonté, sans désirs, devant de pareils spectacles.
Ailleurs, dans les plaines, dans les grandes et
riches vallées, on est captivé un instant; mais
on sent que l'homme est trop près pour que le
charme se prolonge. On se dit que le paysage,
qui nous enchante, peut être gâté du jour au
lendemain, qu'un palais bruyant peut s'élever

où la nature a mis une forêt silencieuse; que la
colline qui porte une voûte de feuillage peut
porter une voûte de pierre; qu'il suffit, en un
mot, d'une spéculation, d'un caprice, d'une
pensée niaise ou vaniteuse, pour combler un
vallon ou abaisser une colline. Ici rien de pareil; des millions d'hommes viendraient se
heurter à ces masses gigantesques; ils viendraient armés de tous leurs moyens de destruction; ils seraient aussi impuissans contre ces
monts que les insectes qui rampent à leurs
pieds et qui disparaissent sous un brin d'herbe!
Ce qui donne à la montagne ce caractère d'im-
posante grandeur et de majesté souveraine, c'est
qu'on est convaincu que rien ne peut l'altérer,
la dénaturer, qu'elle est immuable, impérissa-
ble, éternelle!

Il fallut s'arracher à ce spectacle et à ces
réflexions. Nous jetâmes un dernier coup d'œil
sur ce magnifique ensemble, sur le lac, sur le
ravin, sur les neiges, sur les torrens, et enfin
sur le Pic du Midi, qui nous apparaissait de la
base au faîte. Il était là, debout, sur le premier
plan, magnifique de calme et de sérénité; on
eût dit que, dans un mouvement de dédaigneuse
colère, il avait écarté du pied Balloungue, qui,

maintenant, s'abaissait et s'humiliait devant lui, comme un vassal vaincu devant un souverain irrité. *Houn Blanquo* (fontaine blanche) se montrait au dessus de nos têtes, un peu sur la droite, au bas d'un immense banc de neige, long de trois ou quatre cents mètres, et qui s'étendait sur le versant méridional du pâturage. Les crêtes supérieures étaient entièrement balayées. Nous fûmes d'abord surpris de rencontrer à une pareille exposition un entassement de neiges aussi considérable ; mais nous ne tardâmes pas à trouver l'explication de ce phénomène. Les rafales de l'ouest et du nord, rasant les cimes, avaient sans doute tourbillonné de l'autre côté de la montagne, et accumulé sur ce point d'innombrables flocons. Plusieurs couches avaient été ainsi superposées, et elles étaient si épaisses et si dures, que l'action du soleil avait peine à les pénétrer. Il est probable que ce glacier accidentel ne disparaîtra que dans les premiers jours de septembre, si toutefois il disparaît cette année.

Ces neiges éblouissantes nous attiraient, nous fascinaient en quelque sorte. Nous étions d'ailleurs pressés d'arriver au but principal de notre voyage. Aussi, au lieu de nous élever transver-

salement, abordâmes-nous la montagne de front
par des pentes fort abruptes, que les montagnards nomment *Eros Passados* (les pas, les
passages.) Après avoir franchi une arête de
rochers, toute calcinée par l'action du soleil et
de la pluie, nous atteignîmes un large sentier
qui nous conduisit, dans quelques minutes,
au milieu du *Courtaou de Houn-Blanquo*.
Les paysans des Pyrénées donnent le nom de
Courtaou à une réunion de cabanes, recou-
vertes seulement de mottes de gazon. Tous
les pasteurs, qui habitent le même *Courtaou*,
élisent, chaque année, un chef appelé Mayouraou, sans doute du latin *major*. Le Mayouraou
intervient dans toutes les querelles, juge tous
les différends, règle toutes les contestations.
Il se fait, auprès des communes, l'interprète
des griefs et des doléances des bergers; il est,
en un mot, le président obéi et respecté d'une
petite république, qui n'est jamais troublée par
des ambitions rivales. Heureux les pâtres des
Pyrénées qui vivent sous d'aussi douces lois!
Que leur importe à eux, que là bas, dans les
villes, on s'agite, on lutte, on se heurte pour le
pouvoir ou pour la liberté! Le pouvoir? il est
tutélaire et paternel entre les mains du chef

qu'ils se sont donné. La liberté? ils l'ont entière et absolue; l'aigle ne se promène pas plus indépendant à travers les champs de l'air, que le pasteur pyrénéen sur les glaciers et sur les cimes. L'homme ici n'est pas libre, sans doute, à la façon des orateurs et des publicistes; mais il l'est à la façon de Guillaume Tell et des héroïques pâtres de l'Helvétie. Les préoccupations, les rêves, les espérances de ces braves montagnards ne s'étendent pas au delà du cercle de rochers qui les enveloppe et les enserre. Leurs désirs sont bornés comme leurs besoins. Ce qu'ils demandent au ciel, ce sont de grasses herbes dans les pâturages, un temps clair et serein, une cabane qui les abrite contre les vents glacés des nuits; rien de plus. Ils ne conçoivent pas d'autres richesses. Parlez-leur de la gloire, de la fortune, de l'empire; ils souriront de pitié ou d'ignorance. Oui, si la paix est quelque part sur la terre, c'est là, sous ces chaumières, dans ces cœurs primitifs que la civilisation n'a point gâtés. C'est ce que je me suis dit bien des fois, en songeant à toutes les déceptions et à toutes les chimères de l'existence; c'est ce que nous redîmes en regardant ces humbles et modestes demeures, qui s'enfon-

cent sous la terre, mais qui se trouvent en face
d'un des plus magnifiques tableaux où jamais
se soit reposé l'œil de l'homme!

Nous nous élevâmes de quelques mètres au
dessus du *Courtaou,* et là, assis sur de gigantesques blocs de quartz, les plus beaux peut-être
des Pyrénées, nous pûmes contempler à notre
aise cet admirable ensemble qui se déroulait,
se dressait devant nous. Notre vue s'étendait au
loin, ici par dessus Lhéris, humble et abaissé
comme une colline, sur les plaines fertiles de
la Neste; là, par dessus le Houeilhassa, le plus
beau fleuron de cette couronne de forêts dont
s'énorgueillit Campan, nous découvrions les vertes montagnes de la vallée d'Aure et les neiges
éternelles des sommets de la vallée du Louron.
A gauche, dans la même direction, la Maladetta
nous montrait tout entière sa mer de glace; en
face de nous, l'Arbizon se hérissait de toutes
ses crêtes; enfin, à notre droite, le Pic du Midi,
flanqué de Balloungue et de Pénère, élevait son
cône prodigieux, et nous présentait le plus inaccessible et le plus dévasté de ses flancs. Placés
au centre de ce grandiose tableau, nous portions
nos regards, tantôt sur un point, tantôt sur un
autre, sans pouvoir les fixer, les arrêter nulle

part. La tête nous tournait, nous avions le vertige de l'admiration !

Après être restés long-temps en proie à une extase muette devant ces splendides merveilles, nous revinmes enfin auprès des cabanes, qui, en ce moment, se trouvaient désertes. Les pasteurs étaient avec leurs vaches, répandus et disséminés sur tous les versans et dans tous les bas-fonds de la montagne. Cependant nous ne voulions pas quitter *Houn-Blanquo* sans goûter de son lait, qui passe pour un des meilleurs des Pyrénées. Après avoir cherché quelque temps, nous finîmes par trouver la laiterie commune, où on le tient au frais dans de grands vases de cuivre étincelans de propreté. Il aurait fallu être des ascètes bien rigides pour résister à la tentation de cette crème d'un blanc jaune, si onctueuse et si épaisse. Comme nous n'étions pas des saints, nous n'hésitâmes pas un seul instant, et nous savourâmes avec délices trois ou quatre grands verres de ce lait délicieux que parfume le *baniou* (trifolium alpinum), et qui à tous égards mérite la réputation dont il jouit dans nos montagnes. Il va sans dire que nous laissâmes une pièce d'argent au pied du vase que nous avions presque épuisé.

Nous jetâmes un dernier regard sur le vaste
horizon de montagnes que nous avions tant admiré déjà, nous dîmes un dernier adieu à ces
simples et modestes asiles où la vie est si libre
et si douce, et nous reprîmes à regret nos longs
bâtons de voyage. Nous passâmes alors sur le
versant oriental de ces riches pâturages, et après
quelques minutes de descente, nous rejoignîmes
un sentier large et facile qui se dirigeait vers le
nord, en suivant toute la ligne des hauteurs qui
s'étendent entre le vallon de Rimoula et le bourg
de Campan. Là, nous crûmes pouvoir congédier
notre guide, qui s'achemina vers le Peyras en
prenant une direction opposée à la nôtre. Après
avoir descendu pendant une heure environ, après
avoir franchi de nombreux ruisseaux, nous
atteignîmes la forêt de Niclade, qui est aussi
grâcieuse que son nom. Entre les rares sapins
épargnés par la hache des bûcherons, s'élevaient
de magnifiques touffes de rhododendrons en
fleurs, qui couvraient le sol de leur pourpre éclatante. De distance en distance, nous rencontrions
des plateaux gazonnés qui offraient à l'œil de
charmantes échappées. Nous allions ainsi sans
fatigue, légers d'esprit et de cœur, à l'abri
des rayons du soleil couchant, caressés par

une fraîche brise de l'est. Mais la forêt finit bientôt, et nous nous trouvâmes sur des pâturages découverts, sillonnés par de nombreux canaux d'irrigation. L'ombre nous faisait défaut; mais, en revanche, un splendide paysage se déployait devant nous. La vallée de Lesponne se déroulait tout entière à nos pieds, revêtue de ses grandes forêts de sapins; le Mounné nous montrait sa face méridionale et ses pentes inondées de soleil; la tour de Baudéan blanchissait au loin, tandis que Saint-Paul se cachait à demi sous ses hauts peupliers. C'était beau même après *Houn-Blanquo*. Bientôt nous rejoignîmes les granges et les habitations. Un chemin creux se présentait à notre droite; une mauvaise inspiration nous y poussa. Dès ce moment, plus de lumière, plus d'air, plus de paysage. Après bien des détours, après avoir franchi je ne sais combien de rampes, toutes fort raboteuses, nous sortîmes enfin de cet entonnoir, et nous tombâmes presque sans nous en douter à l'entrée même du parc de Saint-Paul, où nous reprîmes haleine. A cinq heures, nous rentrions à Bagnères, brûlés par le soleil, ruisselans de sueur, mais enchantés d'une course qui nous avait valu de si pures et de si délicieuses émotions.

Les Baronnies. — La vallée de l'Arros.

Tous les guides, tous les itinéraires parlent
aux étrangers de Campan, de Gripp, du Pic du
Midi; aucun ne leur parle des Baronnies. C'est
dommage, cependant. Il y a dans cette contrée
inconnue, qui n'est séparée de Bagnères que
par une ligne de coteaux, des sites variés, de
charmans aspects, des paysages pleins de fraîcheur et de grâce. Coupées de collines et de
mamelons, couronnées de bois, se creusant
tour à tour en ravines étroites, en vallons arron-
dis, en bassins spacieux, les Baronnies offrent,
du haut des Palommières de Gerde, un coup
d'œil vraiment pittoresque. De nombreux villages s'étagent sur les hauteurs ou s'abritent au
pied des mamelons boisés; tantôt, c'est une
vieille tour féodale qui se dresse fièrement, tantôt le clocher d'une église qui darde sa pointe
ardoisée au dessus des arbres. L'œil se perd et
s'égare dans cet enchevêtrement de forêts et de
vallées, dans cet écheveau de chemins qui se
croisent et se mêlent, dans ce chaos qui semble

inextricable. Cependant il est facile de se diriger à travers ce dédale.

Une fois que vous avez couronné le plateau des Palommières, vous suivez le chemin qui le coupe, et qui descend vers la droite, en longeant le versant oriental du bois de Humas. A gauche, vous apercevez, dans un enfoncement, le triste et maigre village de Lies, qui dépendait autrefois de la vicomté d'Asté. Vous ne tardez pas à découvrir Marsas, dont les maisons s'épanouissent au soleil, qui se pare avec orgueil de ses beaux cerisiers, et qu'entourent de vertes prairies et de riantes cultures. Mais si vous regardez au loin devant vous, un douloureux contraste vient vous attrister. De pauvres villages lépreux se montrent au milieu de champs nus et brûlés. La nature, sans doute, a été une rude marâtre pour les habitans de ce pays; mais il faut bien avouer aussi que l'homme les a peut-être plus maltraités encore. L'oppression féodale a pesé de tout son poids sur cette malheureuse terre. Placées entre la domination ecclésiastique et la domination laïque, dépendant à la fois des abbés de l'Escale-Dieu et de seigneurs puissans et redoutés, les Baronnies ont vécu dans un deuil perpétuel durant tout le moyen âge. La convoi-

tise du moine venait après la rapacité du baron,
l'un glanait où l'autre avait récolté.

Tristes moissons que celles qu'on recueille
ainsi au milieu du sang et des larmes! Mais
c'était là une des conditions fatales de cette
société sans cœur et sans entrailles, où la force
était le droit, et où il ne pouvait y avoir un heureux sans qu'il y eût des milliers des victimes!
Grâces à Dieu, et n'en déplaise à certains badigeonneurs du passé, ce temps-ci vaut mieux; nos
pères étaient plus dévots peut-être, mais nous
sommes plus chrétiens; nous bâtissons moins
de chapelles, mais nous brûlons moins de chaumières. Cependant, dois-je le dire? les Baronnies
n'ont guère gagné à cette révolution qui a si
profondément altéré, sinon dissous, la vieille
société française. Sans doute elles ne gémissent
plus sous la tyrannie féodale, mais elles succom-
bent sous une tyrannie non moins cruelle, non
moins inexorable. L'usure dévore aujourd'hui
cette terre stérilisée et maudite; l'expropriation
légale et formaliste a remplacé la spoliation
brutale. Il n'y a que le mot de changé; la chose
est restée la même. Ce n'est plus le baron qui
effraie, c'est le procureur; ce n'est plus l'homme
bardé de fer qui frappe, c'est l'homme bardé de

paperasses. La ruine ne se présente plus aux yeux des pauvres gens sous les traits d'un soudard, elle s'avance et se montre sous la figure d'un huissier. Pour mille francs, pour cent francs, souvent même pour des sommes bien inférieures, qu'ils ne peuvent payer immédiatement, qu'ils paieraient si on leur laissait un peu de temps et de répit, de malheureux paysans sont expropriés, comme on dit, jetés hors de leurs maisons, réduits à la misère et à la mendicité. Etonnez-vous après cela que les Baronnies soient tristes et désolées, les terres incultes et stériles, les villages silencieux et mornes, et que tant de figures hâves et blémies passent sous vos yeux, vous donnant à lire sur leur front toutes les douleurs et tous les désespoirs de l'âme! Ah! c'est affreux, c'est hideux! La féodalité valait presqu'autant; elle n'était du moins ni lente ni raffinée; du premier coup elle tuait ou ruinait.

Qu'on ne s'y méprenne pas ; ce n'est pas la barbarie des hommes que nous accusons, c'est la barbarie de la loi. Il est temps qu'on y songe; il est temps qu'on efface de nos codes ces anachronismes qui les déshonorent! La loi, sans doute, doit intervenir entre le débiteur qui refuse et le créancier qui exige ; mais elle ne doit pas ruiner l'un pour enrichir l'autre.

Mais où nous égarons-nous ? Cette digression nous a jeté dans le fourré de la procédure, au moment où nous passions sous de luxurians ombrages, quand nous allions quitter le joli village de Marsas pour descendre dans de calmes vallons, rafraîchis par de limpides ruisseaux. Mais rassurez-vous ; les Baronnies sont assez riches en grâcieux paysages, pour que vous n'ayez point à regretter une description qui peut-être vous aurait fait bâiller d'ennui. Aussi bien, vous allez être dédommagé à l'instant même. Nous voici au sommet du col qui domine le pittoresque vallon d'Asque. Le cadre est bien étroit, mais le tableau est charmant. Représentez-vous des croupes de montagnes couvertes d'épaisses forêts ou tapissées de buis, dont les dernières pentes viennent onduler et mourir dans une verdoyante oasis, fermée de toutes parts, et au centre de laquelle un petit village éparpille dans tous les sens des maisons d'un aspect souriant, protégées par de grands arbres. J'ai tout lieu de croire que la procédure n'est point venue jusqu'ici. Les maisons sont trop propres, les vaches trop grasses, les champs trop bien cultivés, les jeunes filles trop rieuses et trop agaçantes, pour que le monstre de l'expropriation, monté en croupe derrière un homme de loi, ait franchi l'enceinte de ces heureux coteaux. Puisse-t-elle n'y jamais pénétrer! Mieux vaudrait pour cette intéressante population dix années de grêle et toutes sortes de calamités atmosphériques.

On traverse ce village, où la bienvenue, comme dit le poète, vous rit dans tous les yeux, et dans de fort jolis yeux, ma foi ; car les femmes de ce coin privilégié des Baronnies semblent participer de la grâce et de la sérénité du paysage qui les environne. Dans un cadre aussi riant, il ne peut y avoir que des objets charmans et des figures épanouies.

Quand on a dépassé les dernières maisons du village, on s'élève par des rampes assez raides sur les hauteurs qui dominent tout le bassin d'Asque et qui le séparent de la vallée de l'Arros. Du sommet du col, une magnifique perspective s'ouvre devant vous. Assis dans le fond de la vallée, ou perchés sur des collines, de nombreux villages se montrent tout à coup ; une rivière coulant à pleins bords promène à travers la plaine ses flots purs et tranquilles. Tantôt elle

disparaît sous les arbres, tantôt elle reluit au
soleil sur des cailloux blancs et polis. Ici elle
baigne une colline qu'elle embrasse dans un
grâcieux méandre ; plus loin elle se joue, lente et
paresseuse, dans de grasses et molles prairies.
C'est l'Arros, dont vous pouvez suivre le cours
presque depuis sa naissance jusqu'à l'abbaye de
l'Escale-Dieu, sur laquelle plane, gris et fauve,
toujours menaçant et sinistre, le sombre château
de Mauvezin.

Maintenant si vous aimez les sites sauvages,
les terrains bouleversés, les gorges étroites, au
lieu de descendre dans le fond de la vallée, vous
remonterez le cours du torrent qui écume vers
le midi. Un chemin facile et bien entretenu se
dirige du sommet du col en longeant la mon-
gne qui se trouve à votre droite. Il court d'abord
à travers des prairies et des champs cultivés,
et par des pentes bien ménagées, il s'abaisse
insensiblement jusqu'aux rives de l'Arros. A
partir de ce point les cultures cessent, les buis
commencent. On se trouve au fond d'un immense
entonnoir, au dessus duquel se dressent en
amphithéâtre de noires forêts de sapins et de
hêtres ; elles montent, elles s'élèvent d'étage en
étage, de montagne en montagne, de plus en

plus épaisses, de plus en plus impénétrables, jusqu'à ce qu'elles se confondent avec les brumes et les nuages. Cette scène est majestueuse, mais lugubre. On se sent pris d'une indéfinissable tristesse en contemplant cette solitude uniforme, que ne trouble d'autre bruit que le mugissement monotone du torrent ou le murmure étouffé du vent dans les arbres. On se retourne involontairement vers le nord, on est tenté de revenir sur ses pas, vers des aspects plus doux, vers une nature moins sombre et moins attristante. N'en faites rien cependant. Encore quelques pas, et vous allez admirer une des plus imposantes merveilles des Pyrénées, et ce qui vaut mieux encore, une merveille inconnue, et, pour ainsi dire, inédite. Voici la gorge qui s'élargit et qui s'évase ; vous entrez dans la *Gourgue* de l'Arros. Dans le patois pyrénéen, *Gourgue* signifie un bassin naturel ou creusé par la main de l'homme, dans lequel les eaux sont dormantes et profondes. Ici c'est la nature qui a tout fait. Imaginez-vous, entre deux montagnes qui s'écartent, une surface d'eau immobile, mais si claire et si transparente, que l'œil pourrait compter tous les cailloux du fond. Plus haut, le torrent qui forme ce bassin écume

entre les rochers; plus bas, il tombe et se brise
en cascade. Ici tout est silence et repos; plus
loin, tout est bruit et agitation. D'énormes
masses calcaires se dressent dans cet endroit.
Celles de la rive droite sont polies et colorées
d'une légère teinte rosée; celles de la rive
gauche, crevassées en tout sens, présentent
de larges excavations, où les troupeaux viennent
s'abriter dans les temps d'orage, et où les habitans de la vallée de l'Arros se réunissent aussi
pour fabriquer des cercles. Plus de quatre cents
têtes de menu bétail pourraient, dit-on, trouver
un refuge dans ces cavités qui ressemblent à
d'immenses hangars recouverts de toits de pierre.
Tout indique ici un grand bouleversement. Dans
les temps anciens, la *Gourgue* formait, sans
nul doute, un lac fermé de tout côté par des
rochers calcaires. Minée par l'action lente des
eaux, l'arête, qui le barrait du côté du nord,
céda sous la pression de la masse liquide, et
les flots du lac, en s'écoulant, laissèrent à découvert ces crevasses, qui nous frappent aujour-
d'hui d'étonnement et d'admiration. Au reste,
dans tout le cours supérieur de l'Arros, on re-
marque une suite de bassins naturels, où les
mêmes causes ont produit les mêmes accidens.

Ce lieu, maintenant si calme et si solitaire, a, dit-on, retenti plus d'une fois de cris joyeux. Les puissans vicomtes d'Asté, propriétaires d'une partie de ces forêts et de ces montagnes, y menaient leurs grandes chasses; ils s'y rencontraient avec les barons d'Asque et d'Esparros, infatigables Nemrods pyrénéens, qui traquaient l'ours et le loup jusque dans les plus sombres retraites. Aux jours de grande liesse, ces hauts barons féodaux venaient s'ébattre dans leurs abruptes domaines; de longues et formidables voix couraient à travers ces solitudes; le hennissement des chevaux, les aboiemens des chiens, les sons aigus du cor, les cris des chasseurs, les grognemens des sangliers et des ours, formaient comme un orage de bruit, répercuté, redoublé, multiplié, dans tous les échos de la montagne. Quand la bête était tombée sous leurs coups, quand ils étaient las et épuisés, les trois barons venaient se délasser à l'*Oueil* (œil) de l'Arros, qui se trouve à demi heure de marche de la Gourgue. L'*Oueil* est une source abondante, fraîche et limpide, qui sort en murmurant de la crevasse d'un rocher. S'il faut en croire la tradition populaire, les trois barons pouvaient s'asseoir autour de la source sans sortir de leurs domaines. Aujourd'hui la chose serait plus difficile ; car les bords de l'*Oueil* sont taillés à pic, et à moins de s'asseoir dans l'eau, je ne vois pas où trois personnes trouveraient à se placer commodément.

On ne remonte pas plus loin le cours de l'Arros, dont l'*Oueil* est une des principales sources. Après s'être reposé quelques instans au bord de cette onde si transparente, à l'ombre des hêtres qui la protègent, on redescend par le même chemin jusqu'à la *Gourgue,* dont on admire encore les magnifiques parois, enceinte silencieuse et endormie, où il serait si doux d'entendre les sons éclatans d'une fanfare de chasse, et les aboiemens d'une meute bondissante et furieuse !

Quand on a rejoint le col d'Asque, au lieu de se diriger vers le village, on descend dans la vallée de l'Arros, une des plus profondes des Pyrénées. On traverse Bulan, dont la population laborieuse fournit des cuillers de bois à toutes les vallées du Bigorre ; Lomné, dont le beau château domine tout le cours de l'Arros : on aperçoit de loin Sarlabous, dont le nom vous rappelle ce farouche envoyé du parlement de Toulouse, ce bourreau délégué, qui suivait les

armées catholiques escorté de gibets et de po-
tences, et qui trouvait encore des victimes là
où avait passé le maréchal de Montluc, cet
impitoyable tueur d'hérétiques. Enfin, on arrive
dans les belles prairies qui s'étendent autour
d'une longue ligne de bâtimens surmontés d'un
dôme du dix-septième siècle; c'est tout ce qui
reste de cette antique et florissante abbaye de
l'Escale-Dieu, qui a joué un si grand rôle dans
l'histoire du comté de Bigorre, dont un moine
fonda l'ordre militaire de Calatrava, où venaient
en pélerinage les rois et les princes, où voulut
être enterrée cette comtesse Pétronille, qui avait
dévoré cinq maris, où affluaient tant de dons,
de largesses, de redevances, où les serfs venaient prier et les grands se repentir! Que sont
devenus aujourd'hui toutes ces richesses, toutes
ces splendeurs, tous ces souvenirs? Demandez
au temps, à ce maître ironique et jaloux, qui
se rit de nos grandeurs, qui renverse un palais
et qui respecte une chaumière, et qui a fait de
la vieille demeure des Bénédictins une ferme et
un relais de poste!

Au dessus du monastère, sur une éminence
qui commande toute la vallée, s'élèvent encore
les sombres murailles de ce château de Mauve-

zin (mauvais voisin), redoutable citadelle qui protégeait la partie orientale du Bigorre, comme Lourdes la partie occidentale. Occupé longtemps par les Anglais, Mauvezin résista plusieurs semaines aux efforts d'une armée française conduite par Duguesclin et Clisson; et les défenseurs du château ne se rendirent que lorsque les assiégeans leur eurent enlevé l'eau d'un puits situé hors des remparts. Aujourd'hui, après tant de siècles écoulés, après une révolution qui a tout nivelé, les débris du manoir féodal se dressent encore fiers et menaçans; mais qu'importe? Le génie du moyen âge, génie de prévoyance sinistre et d'indomptable audace, qui éleva ces tours, qui épaissit ces remparts, qui creusa ces meurtrières, il n'existe plus, même à l'état de fantôme, dans cette enceinte ouverte à tous les vents, où les petits garçons viennent jouer et poursuivre les oiseaux dans les touffes de lierre! On le voit : le temps n'a pas mieux traité la demeure des châtelains que la demeure des moines; il a déchiqueté l'une et badigeoné l'autre. Somme toute, je préfère Mauvezin à l'Escale-Dieu, la tour tronçonnée au dôme reblanchi, le squelette au linceul !

Ici se termine notre course. De l'Escale-Dieu

à Bagnères, il y a trois lieues de grande route. Si vous redoutez l'ennui formulé en kilomètres, si les cris des postillons et les juremens des rouliers charment peu vos oreilles, faites comme moi, quand je suis réduit à cheminer sur ces interminables rubans de poussière : rêvez ou souvenez-vous.

Il me resterait encore beaucoup à décrire. Je ne vous ai parlé ni de la Serre de Pouzac, cette gracieuse chaîne de collines, d'où l'œil embrasse une si large perspective; ni de la vallée de l'Oussouet, cette vallombrosa des Pyrénées, qui se termine si bien au pied de hautes pyramides boisées; ni des *Sarrats* de *Mortis* et de *Boun*, ces verdoyans contreforts de la vallée de Campan, d'où l'on domine à la fois les bassins de Gripp et de la *Seoube;* ni de tant d'autres délicieux paysages qui se cachent dans les replis de ces montagnes. Que voulez-vous? j'ai tant abusé de la description, du riant, du gracieux, du pittoresque, du sublime, je suis tellement épuisé de contemplation, d'admiration et d'extase, qu'avec la meilleure volonté du monde, je

ne pourrais que me répéter et me reproduire.
D'ailleurs une nature plus grave et plus austère
nous convie à d'autres tableaux, à d'autres
scènes, à d'autres émotions. Il est temps de
quitter Bagnères, qui pourrait bien devenir une
amollissante Capoue, si nous nous laissions
prendre à toutes ses délices et à tous ses enchan-
temens. Nous ne sommes, pour ainsi dire, qu'à
l'entrée des Pyrénées; il faut pénétrer plus loin
et plus haut dans le cœur de la chaîne, dans
ces grandioses et sauvages solitudes, que le
Vignemale et le Mont-Perdu couvrent de leur
ombre immense et de leur majesté silencieuse.
Après avoir admiré les merveilles du palais des
nymphes, il faut s'épouvanter devant les horreurs du cirque des Titans; après Bagnères, il
faut voir Gavarnie!

Mais je vous le dis d'avance : quels que soient
vos étonnemens en face de ces masses gigantesques, au bord de ces gaves qui tournoient
dans les gouffres, sous la pluie de ces cascades
qui tombent des nues, toujours et partout, vous
vous souviendrez avec bonheur de l'aimable fée
qui vous a reçu au seuil de ces Pyrénées, dont
elle résume à elle seule tout le charme et toute
la grâce !

TABLEAU

DES SOURCES MINÉRALES

DE BAGNÈRES-DE-BIGORRE (*).

NOMS DES SOURCES et des Etablissements.	Température. Thermo- mètre centigrade.	NOMBRE des Baignoires, Douches et Buvettes.
BUVETTES.		
Fontaine ferrugineuse....	12 50	1 buvette.
— sulfureuse de La-bassère.......	12 25	1 —
— de Lasserre.....	38 75	2 —
Buvette de la Reine.....	44 00	2 —
— de Salut.......	32 50	1 —
BAINS.		
Grand Établissement.		
Source de la Reine.....	46 50	12 baignoires.
— du Dauphin....	48 85	5 —
— de St-Roch.....	41 50	1 —
— de Roc de Lannes	45 80	1 —

(*) Pour connaître les principes minéralisateurs des eaux de Bagnères et des autres établissemens thermaux des Pyrénées et les effets curatifs de ces eaux, voyez l'ouvrage de M. le docteur Lemonnier : *Bagnères-de-Bigorre,* etc., 1 vol. in-12, avec cartes et gravures. A la librairie de Dossun.

NOMS DES SOURCES et des Etablissements.	Température. Thermomètre centigrade.	NOMBRE des Baignoires, Douches et Buvettes.
BAINS *(suite)*.		
Source du Foulon.....	34 70	4 baignoires.
— des Yeux.......	29 65	2 —
Belle-Vue..............	46 10	10 —
Carrère-Lannes : 1re.....	34 50	} 4 —
— 2me....	31 50	
Cazaux : 1re.........	51 50	} 6 —
— 2me........	45 60	
Fontaine Nouvelle.		
Fontaine Nouvelle.......	36 40	} 2 —
Filet du Dauphin........	44 00	
Laguthière : 1re........	40 50	} 10 —
— 2me.......	40 00	
Grand Pré : chaude....	34 80	} 4 —
— froide.....	23 00	
Lasserre source du portail	48 00	} 4 —
— bain de l'entrée.	38 75	
Mora : 1re..............	49 75	} 2 —
— 2me.............	32 00	
Petit Bain : 1re.........	46 50	}
— 2me.........	42 30	5 —
— 3me.........	24 00	}
Petit-Barèges : 1re.......	33 50	} 2 —
— 2me.......	28 00	
Petit-Prieur : 1re.......	38 00	} 2 —
— 2me.......	32 10	
Pinac : source du no 1..	42 00	}
— — du no 3..	33 60	
— dite *ferrugineuse*	35 60	6 —
— — du Jardin..	35 70	
— Buvette (sulfureuse		
— accidentelle)....	18 50	}
Salut : nos 1 et 2........	32 60	}
— nos 3, 4, 5, et 6,..	32 50	10 —
— nos 7, 8, 9, et 10..	31 40	}

NOMS DES SOURCES et des Etablissements.	Température. Thermomètre centigrade.	NOMBRE des Baignoires, Douches et Buvettes.
BAINS *(suite)*.		
Santé : 1re...............	31 50	6 baignoires.
— 2me...........	27 00	
Théas : 1re............	51 25	
— 2me.........	38 90	3 —
— froide.........	23 80	
Versailles : 1re..........	31 80	3 —
— 2me.........	27 50	
DOUCHES.		

Dauphin.........	4	Petit-Bain.........	2
Cazaux..........	2	Fontaine-Nouvelle..	1
Frascati.........	4	Théas...........	2

Le plus grand nombre des sources de Bagnères sont redevables des effets qu'elles produisent sur l'économie, au fer et aux sels sodiques et magnésiens qu'elles renferment. Cette association d'une substance tonique, telle que le fer, avec des agents légèrement laxatifs, tels que les sels indiqués plus haut, rend parfaitement raison du succès avec lequel on les emploie dans le traitement d'une foule d'affections nerveuses, de dérangemens fonctionnels, d'engorgemens abdominaux, de flux muqueux et même de maladies de la peau et de rhumatismes entretenus par un état de faiblesse et d'appauvrissement dans la quantité et dans les qualités vivifiantes du sang, et qui cependant seraient infructueusement combattus par des eaux plus essentiellement stimulantes, mais moins toniques.

TABLEAU DES PROMENADES

AUX

ENVIRONS DE BAGNÈRES-DE-BIGORRE,

AVEC

INDICATION DES DISTANCES.

———

	A pied.	
De Bagnères à la Fontaine Ferrugineuse...	00 h	20 m
De Bagnères à Salut...................		20
De la Fontaine Ferrugineuse à Salut......		30

—

De Bagnères au Mountaliouet............		40
Du Mountaliouet à l'entrée des Allées Drama-		
tiques, en traversant le Bédat...........		40
De l'entrée des Allées Dramatiques au pla-		
teau du Pouey (Allées Maintenon)......		30
Du plateau du Pouey à Bagnères.........		30

TOTAL de la course......	2	20
De Bagnères au fond du vallon de Cot-de-		
Ger (Elysée Cottin), en passant par le		
pied du Bédat........................		15

A pied.

De Bagnères au Camp de César........... 1 h   m

De Bagnères aux Palommières de Gerde, en passant par la route de Toulouse, qu'on quitte au second pont pour prendre à droite. 1 10

Retour par le village de Gerde............ 1

De Bagnères au vallon de la Gailleste (route de Labassère)...................... 30

Du vallon de la Gailleste au centre du vallon de Sarramia. (On abandonne la route de Labassère, et l'on prend à gauche à côté d'un moulin)...................... 25

Du vallon de Sarramia à Bagnères, en passant par le quartier de Mespous et Cot-de-Ger (Elysée-Cottin)............... 1 30

De Bagnères au village d'Asté............ 35

De Bagnères à l'ancien couvent de Médoux. 35

Retour de Médoux par le chemin qui s'élève sur le versant oriental de la vallée, par les carrières de Bagnères et l'allée de Salut.. 50

Promenade de Bagnères à Campan, en passant par la rive droite de l'Adour, qu'on traverse au pont de Gerde............. 1 20

Retour par la grande route.............. 1 10

De Bagnères à l'ancien prieuré de Saint-Paul (route de Campan)................ 55

Du prieuré de Saint-Paul aux cabanes d'Artigues qui le dominent............... 40

De Bagnères au centre du vallon de Serris (route de Campan) : on tourne à droite au

A pied.

pont qui se trouve avant le village de
Baudéan.................................... 1   20
Promenade au Château de Cassan, en passant par le village de Pouzac, où l'on traverse l'Adour............................... 1
Retour par le sommet du coteau et la route
de Toulouse............................. 1   10

EXCURSIONS.

—

COURSE DU MOUNNÉ.

	A pied.	A cheval.
De Bagnères au sommet du Mounné, en suivant les crêtes des montagnes de Salut..................	2 h 30 m	2 h m
Du sommet du Mounné au plateau d'Esquiou......................	15	15
Du plateau d'Esquiou à Bagnères, en passant par le vallon de Serris...	2 10	1 50
TOTAL de la course......	4 h 55 m	4 h 05 m

NOTA.— Le retour par Sarramia donne les mêmes
résultats.

COURSE DE HOUN-BLANQUO.

	A pied.	A cheval.
De Bagnères au pont de Rimoula...	2ʰ ᵐ	1ʰ 20ᵐ
Du pont de Rimoula au lac d'Aïgos-Rouyos. (On est forcé de descendre de cheval pendant presque tout le trajet)......................	3 30	3
Du lac d'Aïgos–Rouyos à Houn-Blanquo......................	30	30
De Houn-Blanquo à Saint-Paul....	2 30	2
De Saint-Paul à Bagnères.........	50	30
TOTAL de la course......	9ʰ 20ᵐ	7ʰ 20ᵐ

NOTA. — Les personnes qui redouteraient la longueur de cette course peuvent considérablement l'abréger. Au lieu de se diriger vers le vallon de Rimoula, on s'élève par les hauteurs qui dominent Saint-Paul, en ayant soin d'éviter le chemin de la *Passado* d'Artigues, dont les rampes sont fort raides, et où les chevaux ne peuvent monter qu'avec certaines difficultés. Ce chemin vient aboutir à l'entrée même du parc de Saint-Paul. On en trouve un autre plus aisé et plus découvert que l'on prend au pied même de Saint-Paul, à l'endroit où le chemin de la rive droite de Lesponne vient déboucher sur la route de Campan, à quelques pas du pont de Baudéan. Ainsi faite, la course de Houn-Blanquo n'exige pas plus de sept heures à pied, et de six à cheval. Il est bien entendu que le retour doit s'effectuer par le même chemin.

COURSE DES BARONNIES.

	A pied.		A cheval.	
De Bagnères au village d'Asque....	3 h	m	2 h	15
Du village d'Asque à la *Gourgue* de l'Arros......................	2		1	30
De la *Gourgue* à l'*Oueil* de l'*Arros*. (Il est prudent d'abandonner son cheval pour aller de la Gourgue à l'*Oueil*)......................		30		30
De l'*Oueil* de l'Arros à l'Escale-Dieu.	3	30	2	45
De l'Escale-Dieu à Bagnères........	2	30	1	40
TOTAL de la course......	11 h	30 m	8 h	40 m

COURSE DU LAC BLEU.

	A pied.		A cheval.	
De Bagnères à l'église de Lesponne.	1 h	30 m	1 h	m
De Lesponne à la cabane du *Chiroulet*, où commence l'ascension vers le Lac Bleu....................	1	45	1	30
De la cabane du Chiroulet au Lac...	2	30	2	
Retour par le même chemin.......	5		4	
TOTAL de la course......	10 h	45 m	8 h	30 m

NOTA. — Il faut ajouter trois heures et demie de plus si l'on veut effectuer le retour par le col qui domine le Lac à l'ouest, et par le vallon de l'Ouscouáou, où l'on trouve une magnifique cascade. On doit alors nécessairement abandonner les chevaux que l'on ne reprend qu'à la cabane du Chiroulet.

COURSE DE LHÉRIS.

	A pied.		A cheval.	
De Bagnères au col de Lhéris, en passant par le village d'Asté et le bois du Teilhet...............	3h	m	2h	30m
Du col au haut de la Penne (il faut nécessairement laisser les chevaux.)		30		30
De la Penne aux cabanes d'Ordinsède.	1	15	1	
Des cabanes d'Ordinsède au pont de Rimoula....................	1	15	1	15
Du pont de Rimoula à Bagnères....	2		1	20
TOTAL de la course......	8h	00m	6h	35m

NOTA. — Il faut ajouter 3/4 d'heure de plus si l'on monte à Lhéris par les Palommières de Gerde.

COURSE DU PIC DU MIDI.

	A pied.		A cheval.	
De Bagnères à l'auberge de Gripp..	3h	15m	2h	m
De l'auberge de Gripp au sommet du Pic, en passant par le vallon d'Arises et le nouveau chemin que la ville de Bagnères a fait tracer dans la gorge de Sencours, et qui rejoint au Lac d'Oncet le chemin de Barèges.	4	30	4	
Retour à Gripp par les cabanes du Thou et le Tourmalet..........	4		3	30
De Gripp à Bagnères...........	3		2	
TOTAL de la course......	14h	45m	11	30m

Nota. — Pour les personnes qui usent de chevaux, cette ourse peut être abrégée d'au moins une heure, si l'on e rend en voiture à Gripp, après avoir eu soin d'y faire onduire des chevaux frais pour l'ascension du Pic.

COURSE DE SARRAT DE MORTIS, DE SARRAT DE BOUN ET DU COL D'ASPIN.

	A pied.	A cheval.
e Bagnères au village de Ste-Marie.	2 h 15 m	1 h 30 m
u pont de Sainte-Marie (vallée de la Seoübe) où l'on quitte la grand' route pour s'élever sur les hauteurs qui s'étendent entre Gripp et Paillolle jusqu'à l'hospice du pré de Saint-Jean....................	2 30	2
u pré de Saint-Jean au sommet du col d'Aspin.................	1 15	1
etour du col à Bagnères........	4 30	3 15
TOTAL de la course.....	10 h 30 m	7 h 45 m

COURSE AU LAC DE PEYRALADE.

	A pied.	A cheval.
e Bagnères à Lesponne.........	1 h 30 m	1 h m
e Lesponne aux pâturages de l'Aya.	1 30	1 15
es cabanes de l'Aya au Lac (il faut quitter le cheval)..............	2	2
etour......................	4	3
TOTAL de la course......	9 h 00 m	7 h 15 m

COURSE AUX CABANES DU HOURC
(VALLÉE DE LESPONNE.)

	A pied.	A cheval.
De Bagnères au plateau d'Esquiou, en suivant les crêtes des montagnes de Salut...............	2 h 15 m	1 h 45 m
Du plateau d'Esquiou au Couret....	45	30
Du Couret aux cabanes du Hourc...	1 15	1 15
Retour par la vallée de Lesponne....	2 30	1 45
TOTAL de la course......	6 h 45 m	5 h 15 m

COURSE A LA FORÊT DE TRANSOUBAT
(VALLÉE DE LESPONNE.)

	A pied.	A cheval.
De Bagnères au vallon de la Glère..	2 h 30 m	2 h
Du vallon de la Glère au sommet de la forêt de Transoubat, la plus belle et la plus gracieuse de toute la vallée.	45	45
Retour par la Bialette (quartier de Lesponne)..................	2 15	1 45
TOTAL de la course......	5 h 30 m	4 h 30 m

COURSE AUX CASCADES DE GRIPP.

	A pied.	A cheval.
De Bagnères à l'auberge de Gripp...	3 h 15 m	2 h
De l'auberge aux cascades.........	1	45
Retour des cascades à Bagnères.....	4	2 45
TOTAL de la course......	8 h 15 m	5 h 30 m

COURSE A LA FONTAINE SULFUREUSE DE LABASSÈRE.

	A pied.	A cheval.
De Bagnères au village de Labassère.	1 h 15 m	h 50 m
Du village de Labassère à la Fontaine.	2	1 30
Retour par la vallée de Trébons....	3 15	2 45
TOTAL de la course......	6 h 30 m	5 h 05 m

NOTA. — On peut effectuer le retour par le plateau
d'Esquiou, et revenir à Bagnères par la base du Mounné
et le sentier des montagnes de Salut, en trois heures à
cheval, et en trois heures et demie à pied. On peut encore
gagner le Couret, d'où l'on descend dans le joli vallon de
la Glère (vallée de Lesponne). En suivant cette voie, il
faut, pour regagner la ville, 4 heures 15 minutes à pied,
et 3 heures 45 minutes à cheval.

SERRE DE POUZAC.

	A pied.	A cheval.
De Bagnères au sommet des coteaux de Labassère-Debat, *en passant par le Camp de César*.............	2 h 30 m	2 h m
Retour par le village de Labassère..	2	1 30
TOTAL de la course......	4 h 30 m	3 h 30 m

CROIX-BLANCHE.

	A pied.	A cheval.
De Bagnères au village de Neuilh, sur le versant méridional de la vallée de Trébons..............	2ʰ 15ᵐ	1ʰ 30ᵐ
Du village de Neuilh au sommet du plateau de la Croix-Blanche......	30	20
Retour par Juncalas et Lourdes....	6	4
TOTAL de la course......	8ʰ 45ᵐ	5ʰ 50ᵐ

SERRE D'ORDIZAN.

	A pied.	A cheval
De Bagnères à la Serre d'Ordizan, en passant l'Adour à Pouzac, et en suivant le chemin de la rive droite.	1ʰ 30ᵐ	1ʰ ᵐ
Retour par Montgaillard..........	2	1 30
TOTAL de la course......	3ʰ 30ᵐ	2ʰ 30

INDICATIONS UTILES.

—

LOGEMENS.

Les étrangers trouveront des logemens propres et élégans dans presque toutes les maisons de Bagnères. Ils ne sont point exposés ici, comme dans certaines localités thermales, à coucher, en attendant qu'une chambre soit vacante, dans les galetas ou même dans des corridors ouverts à tous les vents et à tous les regards. Nous ne donnerons point la liste des maisons qui reçoivent des étrangers; il faudrait nommer presque toutes celles de la ville. Ce que nous pouvons garantir aux familles qui veulent s'arrêter à Bagnères, c'est qu'elles trouveront des logemens convenables à des prix très modérés.

———

LIBRAIRIE.

M. Dossun, éditeur de plusieurs travaux sur les Pyrénées, possède, place Napoléon, un magasin où l'on trouve tous les livres de littérature ancienne et moderne, tous ceux qui ont été écrits sur les Pyrénées, ainsi qu'un assortiment complet de paroissiens et d'ouvrages de piété. Il tient, en outre, tous les articles de bureau, encre, plumes, enveloppes de lettres, cartes de visites, papiers de toute qualité et de tout format, provenant des fabriques les plus renommées. M. Dossun se charge de faire venir, dans le plus court délai, toutes les publications nouvelles, sans augmentation de prix.

CABINETS DE LECTURE.

M. Achille Vert, allée des Platanes, tient un cabinet de lecture composé de romans de choix, tant anciens que nouveaux, et des plus remarquables productions de la littérature moderne.

—

M. Plassot, allée des Coustous, reçoit les principaux journaux de la capitale et du midi. Il possède en outre une bibliothèque de romans et d'ouvrages de littérature.

PAPETERIE MÉCANIQUE.

Cet établissement, dévoré par les flammes au mois d'août 1848, a été reconstruit sur de nouveaux plans. Il fonctionne aujourd'hui avec une activité toujours croissante, et les papiers qu'il fournit à une grande partie du midi de la France peuvent rivaliser avec ceux d'Angoulême et des fabriques les plus renommées.

MUSÉE.

M. PHILIPPE a établi, rue de l'Horloge, un cabinet d'histoire naturelle, où se trouvent toutes les plantes des Pyrénées et une collection minéralogique, géologique et ornithologique des plus complètes. Ce modeste et laborieux explorateur des Pyrénées fait les honneurs de son salon avec une politesse parfaite et une complaisance sans bornes. On trouve auprès de lui les renseignemens les plus exacts et les plus détaillés sur toutes les productions de la chaîne pyrénéenne. Les minéralogistes et les botanistes ne sauraient rencontrer un cicerone plus instruit, ni un initiateur plus intelligent et plus sûr.

INDUSTRIE.

Depuis quelques années une nouvelle branche d'industrie, qui semble appelée à un brillant avenir, s'est établie dans la ville de Bagnères. M. Gustave Goiffon, de Saint-Claude, a fondé parmi nous une fabrique d'objets de buis faits au tour, tels qu'ustensiles, cannes, joujoux d'enfans, etc., qui, pour l'élégance des formes et le fini du travail, n'ont à redouter aucune comparaison avec les produits similaires de la Suisse et du Jura. Nous engageons vivement les étrangers à visiter cet intéressant établissement, qui occupe déjà un grand nombre d'ouvriers. Il est situé au delà du Pont de l'Adour, dans la maison de M. Dumoret oncle.

POTERIE.

Bagnères possède, à l'extrémité de la rue de Tarbes, une faïencerie qui laisse beaucoup à désirer, mais qui, placée entre des mains intelligentes et actives, pourrait se développer et rendre d'éminens services au pays.

Nous recommandons aux étrangers l'établissement fondé par M. Lhez, d'Asté, sur la rive

gauche de l'Adour, entre Médoux et Bagnères.
Ils y trouveront de fort beaux vases de terre
cuite et d'autres objets qui se vendent à des
prix fort modérés.

LAINAGES ET TRICOTS.

Bagnères est depuis long-temps renommée
pour la finesse et l'élégance des ouvrages de
laine qui se fabriquent dans ses murs. Rien de
plus léger, rien de plus gracieux que les voiles
et les crêpes que l'on admire tous les jours dans
les magasins de Mme veuve Costallat, place
Lafayette, de Mlle Louise Lafitte, place Lafayette,
au nord de la promenade des Coustous, des
demoiselles Manas et Lafranque, rue du Centre,
de Mme Saffores, place Napoléon, de Mme Marie
Védère, à la Fontaine Ferrugineuse, des demoiselles Zède, rue du Théâtre, de Mme Marie
Vers, rue du Théâtre, des demoiselles Labarthe,
rue de l'Horloge, de Mme veuve Dabat, rue de
l'Horloge, de Mlle Peyrègne, rue de l'Horloge,
de Mlle Anne Cazaux, Boulevard du Collége.

CASINO.

Le Casino, installé dans les magnifiques salons de l'Hôtel Frascati, donne des bals et des soirées musicales, les lundi, mercredi et vendredi de chaque semaine. Un cabinet de lecture, où l'on trouve les principaux journaux de la capitale et des départemens, y demeure ouvert aux abonnés tous les jours, depuis sept heures du matin jusqu'à dix heures du soir.

PRIX DE L'ABONNEMENT :

Une personne pour la saison......... 20 fr.
Un monsieur et une dame........... 30 fr.
Pour un mois..................... 15 fr.
Pour un monsieur et une dame....... 30 fr.

Les abonnemens au dessous d'un mois se traitent de gré à gré avec le directeur.

ADRESSES.

—

ADMINISTRATION DE BAGNÈRES-DE-BIGORRE.

—

SOUS-PRÉFECTURE, rue de Tarbes.

—

MAIRIE, rue du Théâtre.

—

Bureau du commissaire de police, à la mairie.

—

JUSTICE DE PAIX, à la Mairie, rue du Théâtre.

—

POSTE AUX LETTRES. — Bureau à l'Entrée de la rue du Théâtre. — Les courriers arrivent le matin et partent dans l'après-midi. Arrivée du courrier de Paris, à 3 heures du matin ; — départ pour Paris, Bordeaux, Toulouse, etc., à 3 heures. Le courrier d'Arreau, Montréjeau, Luchon, etc., arrive à 4 heures du soir, et repart à 9 heures.

Pendant la saison thermale, le courrier de Paris arrive à 5 heures du soir.

—

POSTE AUX CHEVAUX — Mme veuve Bérot, rue du Pont-de-l'Adour.

INSPECTION DES EAUX MINÉRALES.

—

MÉDECINS.

MM. SUBERVIE ✻, médecin-inspecteur, place des Thermes, maison Jalon.

LEMONNIER, sous-inspecteur, Boulevard du Collége, maison Carrère.

BOURGUET, rue de l'Archiviste.

BRUZAUD, promenade des Coustous.

CANDELÉ-BAYLE, place Napoléon.

CAZES, rue Longue.

COSTALLAT, rue Caubous.

GAYE, rue des Pyrénées.

LABAYLE, avenue de Salut.

PAMBRUN, place Saint-Vincent.

ROMAIN, rue des Marais.

ROUSSE, place Lafayette.

SARABEYROUZE, place d'Uzer.

SOULÉ, rue de l'Archiviste.

VÉDÈRE, rue du Théâtre.

CHIRURGIENS.

MM. BOURGUET, rue de l'Archiviste.

COSTALLAT, rue Caubous.

LABAYLE, avenue de Salut.

ROUSSE, place Lafayette.

SOULÉ, rue de l'Archiviste.

OFFICIER DE SANTÉ.

M. Ducos, rue du Théâtre.

CHIRURGIEN-DENTISTE.

M. Barbier-Bergeron, maison de M. Castagnère, en face de la promenade des Platanes.

PHARMACIENS.

MM. Camus, place Saint-Vincent.
Doat, place Lafayette.
Doubrère, allée des Coustous.
Ferrier, allée des Platanes.
Lamarque, rue Longue.
Toujan, place Napoléon.

ARTISTE VÉTÉRINAIRE.

M. Dupont ✿, place Lafayette.

HOTELS GARNIS ET RESTAURANS.

Hôtel du Bon Pasteur, rue de l'Horloge.
Hôtel de France, Boulevard du Collége.
Hôtel Frascati, rue Frascati.
Hôtel de Paris, promenade des Coustous.
Hôtel de la Providence, rue du Pont de l'Adour.

CAFÉS.

Café Américain, promenade des Coustous.
Café Frascati, rue Frascati.
Café de la Fontaine, rue de la Fontaine.

Café Gaulois, place Lafayette.
Café Godefroy, promenade des Coustous.
Café de Paris, promenade des Coustous.
Café des Pyrénées, rue de Tarbes.
Café de l'Union, place Lafayette.
Café des Voyageurs, rue de Tarbes.

PATISSIERS.

MM. CASTAING, promenade des Coustous.
    CHARLES, rue du Centre.
    PUJO, rue de la Fontaine.
    VIDAL (Alphonse), rue aux Halles.

CONFISEUR.

M. BERNÉS, rue Frascati.

BANQUIERS.

MM. VINCENT FRÈRES, allée des Platanes.

BIJOUTIERS.

MM. ADOUR, rue du Théâtre.
    BROUSSE, promenade des Coustous.

PRINCIPAUX MARCHANDS.

MM. ARTIGUELA, denrées coloniales, place Napoléon.
    Veuve BABYLONE, draperie et nouveautés, rue du
      Centre.
    BLANCQ-CAZAUX, jouets d'enfans, rue aux Halles.
    BOUÉ jeune, nouveautés, place Napoléon.
    CABARDOS, denrées coloniales, place Lafayette.

MM. CAMUS, denrées coloniales et quincaillerie, place Saint-Vincent.

COUROUAU, jouets d'enfans, allée des Platanes.

Veuve DIANOUX, draperie, promenade des Coustous.

LAVENÈRE, denrées coloniales, place Napoléon.

MANAS, draperies, place Napoléon.

MARIGNOL, denrées coloniales et quincaillerie, allée des Platanes.

MICHEL, draperie et nouveautés, rue Frascati.

ORTALIS, denrées coloniales, place Lafayette.

PARATGE, denrées coloniales et vins fins.

PIET, denrées coloniales, rue du Centre.

TOURNARO, denrées coloniales, place Napoléon.

VILLENEUVE, denrées coloniales, rue du Centre.

PAPETERIES.

MM. LAVENÈRE, route de Campan.

VERDOUX, rue des Pyrénées.

MARBRERIE.

MM. CANTET FRÈRES, route de Campan.

GÉRUZET ✼, promenade des Vignaux.

GRACIETTE, allée de la Fontaine Ferrugineuse.

TAILLEURS.

MM. BARTHE, allée des Platanes.

CARABIN, promenade des Coustous.

CASTERAN, promenade des Coustous.

PORTE, place Lafayette.

VIGNAU, rue de l'Horloge.

11

DILIGENCES.

MM. CARRÈRE (Armand), place St-Vincent.

DASQUE (d'Aventignan), rue du Pont de l'Adour.

LESTORTE, place Lafayette.

POUEY, place Lafayette.

GUIDES.

MM. CABIRAN, rue Montesquieu.

CAZAUX, rue du Pont d'Arras.

DOMEC *Caritène,* rue de Lorry.

DUPONT (Jean-Marie), rue du Pont de l'Adour.

GALEY, rue Longue.

IDRAC (Joseph), rue de Lorry.

IDRAC (Jean-Marie), rue de Lorry.

LAFFONT (Paul), rue Longue.

PAYSSAN *Peyroulat,* rue de Venise.

VERDOUX, rue des Marais.

CHEVAUX DE SELLE.

MM. CABARROU, rue des Fabriques.

CAZABONNE, rue du Pont de l'Adour.

COUROUAU, rue des Pyrénées.

COURTÀDE, quai de l'Adour.

DOMEC *Caritène,* rue de Lorry.

DUPONT, boulanger, rue du Pont de l'Adour.

IDRAC (Jean-Marie), rue de Lorry.

IDRAC (Joseph), rue Lorry.

IDRAC, rue du Pont d'Arras.

MM. LABARTHE, place Lafayette.

LABARTHE, rue de l'Horloge.

LACAZE, rue aux Halles.

LAMARQUE, place des Pyrénées.

LAPOUTGE, rue du Centre.

MAGNÉ, rue des Marais.

NOGUÉS *Haouré*, route de Toulouse.

PÉRÉS, rue des Pyrénées.

VERDOUX, rue des Marais.

VOITURES ET CABRIOLETS.

MM. ARMIRAIL, rue Longue.

CARRÈRE, boulevart du Collége.

CÉSAR-POUPOUNET, place des Pyrénées.

DÉJEANE, rue de Tarbes.

DUPOUEY *Marioulet*, rue du Centre.

LABAT, place Montolivet.

LACAZE, rue aux Halles.

LAMARQUE, place des Pyrénées.

LIAS, promenade des Coustous.

MAC, rue du Pont de l'Adour.

PÉRÉS, rue des Pyrénées.

UZAC, rue de l'Horloge.

VITAL, place des Pyrénées, à côté de l'Hôtel de Paris.

FIN.

ERRATA.

—

Page 65 , *ligne* 11 , *au lieu de* sur un coin de la plaine, *lisez* sur un angle de la plaine.

—

INDUSTRIE. — MARBRERIES.

Les marbres constituent pour le département des Hautes-Pyrénées, et en particulier pour Bagnères, une branche d'industrie déjà très florissante, et qui semble appelée à l'avenir le plus brillant et le plus prospère. Notre ville compte plusieurs marbreries, dirigées par des hommes pleins d'intelligence et d'activité. C'est de leurs ateliers que sortent tous ces somptueux et élégans ouvrages qui parent les salons des riches, et qui rendent toutes les capitales du monde tributaires de nos Pyrénées.

—

HOTELS GARNIS ET RESTAURANS.

Hôtel du Grand Soleil, place Lafayette,

TABLE DES MATIÈRES.

	Pages.
AVERTISSEMENT....................	V
BAGNÈRES-DE-BIGORRE ANCIENNE.............	1
BAGNÈRES-DE-BIGORRE MODERNE..............	33
PROMENADES DE BAGNÈRES-DE-BIGORRE.— La Fontaine Ferrugineuse. — Salut................	49
Le Mountaliouet.— Le Bédat. — Les Allées Dramatiques.	58
EXCURSIONS. — Le Mounné.....................	81
Rimoula. — Aïgos-Rouyos. — Houn-Blanquo.....	91
Les Baronnies. — La vallée de l'Arros...........	114
TABLEAU DES SOURCES MINÉRALES DE BAGNÈRES-DE-BIGORRE.»......................	129
TABLEAU DES PROMENADES AUX ENVIRONS DE BAGNÈRES-DE-BIGORRE AVEC INDICATION DES DISTANCES.	133
EXCURSIONS. — Course du Mounné............	135
Course de Houn-Blanquo.	136
Course des Baronnies.	137

Pages.

Course du Lac Bleu............................ 137

Course de Lhéris............................ 138

Course du Pic du Midi....................... 138

Course de Sarrat de Mortis, de Sarrat de Boun et du
    Col d'Aspin................................. 139

Course au Lac de Peyralade................. 139

Course aux Cabanes du Hourc (vallée de Lesponne). 140

Course à la Forêt de Transoubat (vallée de Lesponne). 140

Course aux Cascades de Gripp................ 140

Course à la Fontaine Sulfureuse de Labassère..... 141

Serre de Pouzac............................ 141

Croix Blanche.............................. 142

Serre d'Ordizan............................ 142

Indications utiles. — Logemens.............. 143

Librairie.................................. 144

Cabinets de Lecture........................ 144

Papeterie mécanique........................ 145

Musée..................................... 145

Industrie.................................. 146

Marbreries................................. 156

Poterie.................................... 146

Lainages et tricots......................... 147

Casino..................................... 148

Adresses. — Administration, Postes, Médecins,
Chirurgiens, Pharmaciens, Hôtels, Cafés, Fabri-
cans, Commerçans, Guides, etc., etc., *page* 149
et suivantes.

Typogr. de J.-M. Dossun

CARTE DES ÉTABLISSEMENS THERMAUX

Des Hautes et Basses Pyrénées et de la Haute Garonne

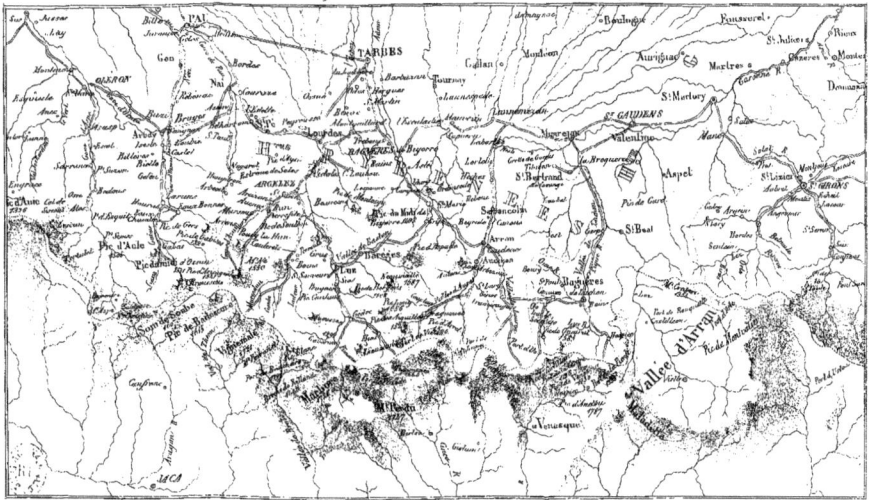